FOR NEW TEACHERS

新任教師ファーストブック
はじめての仕事と心得

奥田靖二 編著

いかだ社

目次

はじめに　6
この本の3つの要　楽しい学校であるための3本柱

第1章　子どもたちと出合う前に　10
明るくあいさつを　準備しておくとよいもの

これだけは心得ておきたいこと（日ごろの習慣）　12
本を読む　手紙を書く　自分の気持ち・決意を書く
身だしなみと言葉づかい　持っていくもの
校長や同僚との接し方　先輩に誘われたら

これだけは心得ておきたいこと（子どもに対して）　15
子どもに手を上げない　子どもたちから学ぶ教師に
ジョークや呼び方が傷つけることもある

まずくても客が来るラーメン屋であってはならない　17
子どものせいにしない

常に「学ぶこと」を怠らぬ教師に　18
古典に学ぶ　研究会で学ぶ　先輩から学ぶ
教育以外から学ぶ　悩みを相談できる人を持つ

第2章　スタートの日に（始業式）　20
スタートがかんじん

始業式にどうのぞむか　20
新任のあいさつ　子どもをつかむ3分間スピーチの例
担任する子どもたちへの第一声

第3章　学級づくりの基本　24
「つかみ」のポイントとなること

初日の「学級だより」の大切さ　26
あいさつ文の例

2日目がいちばん大切です──本当のスタート　28
決め手の1●教室への第1歩　　決め手の2●2日目の第一声
わかる楽しい学習にしよう　　「いじめ」のないクラスにしよう
楽しいクラスにしよう

第2日目　まだある大事なポイント　31
お話だけではダメ　　ぴりっとしたスタートの厳しさも必要
正しい姿勢で椅子に座る　　発言のルール
着席か立席か　　小鳥さんの声・犬さんの声・ライオンさんの声

2日目の記念撮影も　35
学級だよりに写真つき速報も

第4章　学習のすすめ方のポイント　36

授業づくりの中心点　36
教材研究のすすめ方　　歴史の上に今の私たちがいる
固いフタはテコであける　　若さが一番の武器　　チャレンジを自分にも

楽しい授業・導入で子どもをつかむ例　40
動物クイズ　　九九の問題
この川を早く渡るには？　　貯金はいくら？

驚きのある授業をつくる　44
「わーすごい！」と歓声があがる授業を　　ふしぎ大好き　マジック付き授業
空きカンボコボコ大実験！

第5章　保護者とどう協力していくか　47
　　保護者の協力あってこその学級づくり
はじめての保護者会（授業参観）　47
　　1　今日の学習の要点を書く
　　2　子どもたちの様子を書く
　　3　クラスの目標を書く
　　要望や意見をきちんと聞く　　親に教師の思いを伝える
　　話題を豊かに　　保護者への心づかい
保護者会に役立つ資料1──子どもの発達段階を知る　53
　　●発達の階段を登っていく子どもたち
保護者会に役立つ資料2──子どものやる気をなくさせるには　58
　　●「やる気」をなくさせるあの手この手
保護者会に役立つ資料3──夏休みの過ごし方のヒント　59
　　●夏休みの過ごし方　12のヒント

第6章　問題をもった子どもの対応　62
いじめ発生のサインを見逃さない　62
　　「よい」あだ名・「悪い」あだ名　　物隠し・落書き
　　靴のかかと踏みばき　　トイレ遊び・服装の変化
　　靴への画びょう入れ・掲示物破り
手にあまるような事態が生じたら　64
　　保護者への説明も必要　　叱らずほめて考えさせる
　　「叱る」から「さとす」へ　　1人で悩まない
　　悩んだ時こそ学ぶチャンス　　落ちこんで自分を責めない
教師が心の病気にならないために　67
　　迷わず相談　　同年代の仲間づくりをする
　　自分の要求にみあう研究を

第7章　青年教師の生き方　69
　　　教師としての悩みだけでなく

恋愛について　69
　　問題を軽視せず真剣に　　思いを伝えあうことの大切さ
　　自分を輝かせてこその恋愛　　生き生き、はつらつとしていること

輝く自分づくりのために　72
　　５つのヒント　　元も子もなくすことのないように
　　若さとはつらつさこそ命　　青年教師の生き方を求めて　　未来を創る教師として

第8章　教師を励ます言葉　76
「持ち味」　76
「ジグザグ道よ、私を、私たちを鍛えておくれ」　77
「子どもを不幸にするいちばん確実な方法は‥‥」　78
「明けない夜はない」　79
「みんなちがって、みんないい」　79
「つまずいたっていいじゃないか　にんげんだもの」　80
「子どもたちを、愛情と信頼によってそだてよう」　81
「知ることは、感じることの半分も重要ではない」　81
「一歩前へ出ればまた一歩だけ先が見える」　83
「風が強ければ強いほど旗は美しくたなびく」　84

おわりに　85
　　学び続けること　85
　　子どもとぐるになって生活を喜ぶ　90

資料　日本の民間教育研究団体　93

はじめに

　教師を志して、晴れて小学校の教壇に立つことになった若い教師のみなさんに、先輩として心から支援のメッセージを贈りたいと思います。すでに学生時代に何週間かの教育実習や講師身分での経験をされた方も、いよいよプロの教師としてたった1人で子どもたちの前に立つ緊張感をおぼえておられることでしょう。

　この本は、はじめてこれから教壇に立つ方はもちろん、すでにスタートを切った方にも、きっとお役にたてると思いますので、自分流に受けとめ、発展させて、実践の参考にしていただきたいと思います。

　この本では、新任の先生方に基礎的な知識とともに、次の3つの要を中心としたノウハウを学んでほしい、という思いで述べています。

この本の3つの要

第1 学級づくりをどうすればよいか

スタートのその日から、あなたのクラスをどういうふうにつくりあげていくのか。

第2 授業をどうすすめていくのか

子どもたちにとって分かりやすく、楽しく興味あるものにして、学力をきちんとつけていく授業の工夫とすすめ方のヒント。

第3 保護者・同僚のみなさんとの協調・つき合い方をどうしていくのか

教師として、一人前の社会人として、大人とのつき合い方も大切です。

子どもたちが毎日学び、遊び、友人たちとつくりあげていく学校、そしてあなた自身がその子どもたちの教師として「指導する」立場にある学校とは、どういうところであらねばならないでしょうか。

言うまでもなく「学校は楽しくなければならない」はずです。

子どもたちにとってだけでなくあなたにとってもそのはずですし、文字通り「楽しくなければ学校じゃない」と言ってもいいでしょう。教える側の教師自身が毎日楽しく生き生きと子どもたちの前に立てないで、子どもたちも楽しくなるはずはありません。

クラスと授業が楽しくなければ、子どもたちは成長できず、学力もつきません!!

　このことは、子どもたちが学ぶ上での原理原則です。「楽しい」というのは何もテレビのお笑い番組をみる時のようなゲラゲラ笑いころげる楽しさだけではありません。

　子どもたちにとって楽しい学校とは、この3本の柱に支えられてこそのものと言えます。

楽しい学校であるための3本柱

勉強が楽しい

　毎日学ぶ学習内容が興味いっぱいの楽しさに満ちていること。

「あっ、そうか！」
「へえーっ、そうなっていたんだ！」

　それまで分からなかったことを知り、ふしぎと思っていたことのベールが取り払われる驚きがある授業。それこそ学習することの一番大切なポイントですね。

　勉強とは勉めを強いると書くのではなく「勉楽」であったり、小学校は「笑楽校」の字を当てたいほどです。

友だちが楽しい

教室が安心でき、いじめなどのない楽しい友だちでいっぱいになる手だてと工夫を教師自身が持たねばなりません。

子どもたちにとって友だちとのいい関係づくりは、教師との関係以上だと言ってもいいほど大切です。

下手をすると、ある子にとっては毎日通う学校（教室）が地獄のようにさえ感じられることになるかもしれないからです。

先生が楽しい

子どもたちはやはり「よい教師」に出合ってこそ楽しい毎日を教室で過ごすことができますし、何よりよく学ぶことができます。

さて、あなたが子どもたちはもちろん保護者からもよい教師とよばれるには、どういう教師として成長していけばよいでしょうか。

**さあ、スタートです。
そのための
"Let's learning！"です。**

教師自身もまた学ぶことなしに成長できないのですから。

第1章　子どもたちと出合う前に

　採用試験に合格して赴任する学校も決定したら、たぶん春休み中に校長との面接があるでしょう。4月に入ればすぐ初出勤となり、全職員とも出合うことになります。
　始業式までの春休みの準備期間はベテランの教師にとっても大変多忙で、この期間に準備を必要とする事務的作業も多いものです。
　この作業についてはさっそく先輩にならって取り組むとして、この章では、さらにその前に準備したい「心得」について述べてみます。

明るくあいさつを

　校長以下、同僚となる教師たちに与えるあなたの第一印象はとても重要です。
　「こんどの新任、よさそう」「やる気ありそう」とうつるか「何だ、こんどの新任は…」とうつるかによって、その学校の一員としての生活に大きく影響を及ぼすことになるからです。
　私の場合、新任地が山あいのいわゆる田舎という風土もあるところでしたから、「まず、田んぼのカカシにもおじぎをせよ！」などとアドバイスされました。登校途中の路上ですれちがう人も、保護者や何らかの学校関係者の可能性があります。まして子どもなら、数日後の教え子かもしれません。
　学校近くの道ですれちがう時には、会釈くらいはして通りすぎ、子どもに会ったら明るい声で「おはよう！」と声をかけましょう。
　「だーれ？」と思われてもかまわないのです。できれば最初に出合った子の特徴を覚えておくといいですね。後で思わぬ「教育効果」があらわれることもあります。

準備しておくとよいもの

●ノート2冊

「教育日誌」と名づけた大学ノートを初出勤の日からつけることをおすすめします。日記風でもその日その日のメモでもかまいません。私は大事なこと、参考になる言葉などを書きとめるためにも用意しました。

その他にもう1冊、子ども用に「教育ノート」とでも呼ぶノートを用意します。これは担任が決定してからでもよいでしょう。

大事なのは、メモすること・書くことを億劫がらないことです。

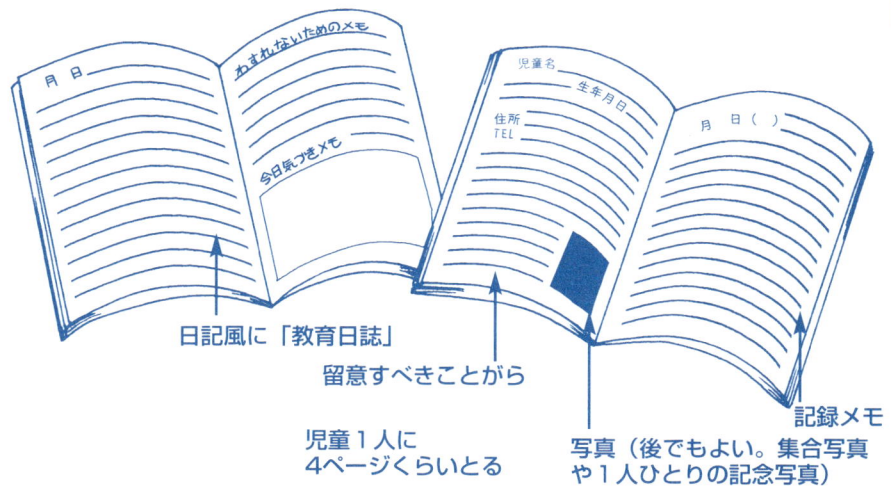

日記風に「教育日誌」
留意すべきことがら
児童1人に4ページくらいとる
写真（後でもよい。集合写真や1人ひとりの記念写真）
記録メモ

●書きやすいボールペン・サインペン・万年筆

赤ペンなど必要な文具は用意してもらえると思いますが、自分用の使いやすいものがあるとよいでしょう。

●使いやすい定規・はさみ・メモ帳・スケジュール帳など

手帳は細い縦長のポケットサイズ（左側が1週間の予定、右側がメモ用のもの）が使いやすいと思いますが、あなたの好みのもので結構です。

これだけは心得ておきたいこと（日ごろの習慣）

「多忙な毎日でも、これだけは…」という中で、ぜひ心がけてほしいものをあげましょう。

始業の日まででなくてもいいものもありますが、教師としてスタートを切る上で心がまえをつくるためにも大切なことだと思います。

本を読む

教育に関する実用書に限らず、小説を読むことをおすすめします。

『二十四の瞳』（壺井栄）といった定番でも、教師になってから再読すると案外以前とは違った思いをするものです。島崎藤村の『破戒』や夏目漱石の『坊っちゃん』など歴史上評価を得てきた作品の中には、やはり大切なことが多く含まれています。

そう古くはない作品としては灰谷健次郎の『兎の眼』や『太陽の子』などは、彼の元教師としての心が学べるでしょう。

手紙を書く

故郷を離れている人はまず親と恩師へ手紙を書きましょう。メールが普及した現代ですが、誠意をこめて自筆の手紙を書いてもらいたいものです。

自分の気持ち・決意を書く

先に紹介した自分用の教育日誌に、教育現場を前にしての自分の気持ちや決意を書くことをおすすめします。後日きっと役立つことがあるでしょう。教師としての決意の中身とは、まさに「私はこういう教師になるんだ」という内容です。

身だしなみと言葉づかい

最近の若いみなさんは服装のセンスがよいので、身だしなみのアドバイスの必要もあまりないでしょうが、清潔感のある服装を心がけましょう。

一方、言葉づかいの方は多少気になる若い教師が現場でもいるようです。学生言葉やいわゆる若者言葉は、本人が気づかないまま身についてしまっているので注意が必要です。

「…っていうか」「マジっすか！？」「私的には…」「○○じゃないですか」などの口ぐせは点検して直すようにしておく方がよいでしょう。

持っていくもの

初出勤の日にすでに持参した方がよいものとして次のものがあります。

・上ばき用と校庭用の運動靴（スニーカー）

体育館ばき用シューズは学校によって異なるので、きいてから用意してもよい。

・体育着用トレーナー上下（作業用にもなる）
・筆記用具とノート
・自分用の湯飲み茶碗やコーヒーカップ（底に油性ペンで記名）
・校区地図（インターネットなどで調べておく）

初日から客用のスリッパでペタペタ歩くのは、見る人の印象がよくありません。また、こうした用意をしている姿勢を見る人は見ているもので、「おっ、やる気あるな」という好印象を得られるかもしれません。

何よりも自分自身に「いよいよスタートだ！」という気持ちを確認するのに役立ちます。

何ごとも「はじめがかんじん」なのです。

文字通り職場への第1歩

校長や同僚との接し方

何も緊張し過ぎてオドオドする必要はないですし、使い慣れない敬語でかえって不自然になるのも変です。明るく爽やかに接するよう心がけましょう。

先の言葉づかいの項でも書いた若者言葉の他に、次のことに注意してください。

「…っていいますか…」のように語尾にあたる言葉が消えるようには話さないこと。言葉をはきはき発音するようにしてください。これらは後日子どもたちや保護者の前で話す時にも気をつけます。

先輩に誘われたら

「君も仲間になったから…」と先輩に誘われたり、もう4月末に「歓送迎会」などでお酒の席があったりする際も、ハメをはずさないように気をつけましょう。

つい馴れ馴れしく「○○先生って、チョーこわいですね」とか、さっそく同僚の人物評をしたり、「先輩、もう1軒いきましょう！」なんてのは禁物です。逆に誘われても深夜まで付き合うのはホドホドに…。

「何だ、今年の新任は。口のきき方も知らない」「生意気な言い方をするなあ」と思われないようにも心がけたいものです。

だいたい、教育っていうものはっスね……

これだけは心得ておきたいこと（子どもに対して）

　子どもたちの成長に深く関わり、人格形成にまで影響を及ぼすかもしれないあなたの存在は、一般に言われる「駆け出し」「新人」の呼び名ではすまされない責任を初日から担います。
　そこで、最低これだけは自覚してほしいことをあげておきます。

子どもに手を上げない

　どんな場合や場面でも、どんな子どもに対しても、「体罰」「暴力」を加えない教師であること。

　たしかに（教師の人権も傷つけるほど）本当に腹立たしいことを言ってくる子はいます。しかし、子どもたちに手を上げることは教師にとって最も恥ずべき行為であることをまず確認しましょう。
　万一、あなたが「暴力的でない」と認識した行為も、問題になれば言い訳できません。「教育的体罰」はあり得ないのです。

子どもたちから学ぶ教師に

　子どもたちはあなたが「教えてやる対象」（子どもたちを教え導く一方的関係）ではありません。
1　子どもたちの能力を引き出す役割を持つ。
2　子どもたちから学んで共に成長していく態度を持つ。

　これが大事です。
　ですから「こんなこともわからないのか」「何度言ったらわかるんだ」「前の学年で何を勉強して

たんだ」という態度はとらないと心に決めてください。まして子どもに軽い口調で「馬鹿だなあ君は…」は禁句です。

教育とは、已（すで）に成長の止まった教師と、成長性の旺盛な子どもとの交渉ではありません。互いに燃えるやうな成長の中途にある大人と子どもとが、ぐるになって生活を喜ぶ、そこにだけ教育があります。

　これは、奈良師範学校附属小学校（昭和初期）の女教師・池田小菊さんの言葉です。よく心に刻んでおきたい名言だと思います。

ジョークや呼び方が傷つけることもある

　軽いジョークのつもりで教師が言った言葉も、場合によっては子どもを傷つけます。子どもたちを親しみをこめて愛称で呼ぶにも注意が必要です。
　井上さんという姓の子が２人いて、１人を「井上さん」、もう１人を名の方で「ひとみさん」と呼び分けたところ、先の子からは「ひとみさんだけどうして名前で呼ぶの？」と言われます（言わなくても子どもはそう感じることがあります）。「チーちゃん」「ミッキー」など、数人の子だけを愛称で呼ぶことも避けるべきです。
　ジョークのつもりで呼ぶ「おチビさん」「メガネくん」なども差別的愛称だと心得ておいてください。

まずくても客が来るラーメン屋であってはならない

先生批判のジョークとしてこんな言葉があります。

「教師は、平日の朝から客が列をつくって来てくれることが保障されているラーメン屋だ。おまけに、まずいラーメンを出しておきながら客の舌の方がダメだといばっている」

その味（教師の実力）にかかわらず、たしかに子どもたちは団体であなたの店（教室）に毎日来てくれる存在です。だからこそ、そのラーメンの味には日常的な研究と技術の向上が必要とされるのです。

子どものせいにしない

「今年の俺のクラスは最低だね。『こういう子どもは担任しません』と教師の方にも拒否権があるといいね」

そう言った教師がいましたが、これは本末転倒です。

たとえ指導が困難な子がクラスにいたとしても、よく学習が理解できない子がいたとしても、その指導に当たるのは教師としての仕事であり、かえってやり甲斐を感じるのがプロというものです。

おやおやどうしたの？

常に「学ぶこと」を怠らぬ教師に

　スタートしたばかりの若いあなたがこれからどんどん成長してくためには、「学ぶこと」がいちばん大事です。もちろん新任研修で学ぶ場も用意されますが、与えられた学びより自ら学ぶことも大切です。むしろ自らの要求で学ぶ方が力がつくというものです。

古典に学ぶ

　どの本を読むことも学びに違いありません。しかし、もう一度しっかり教育という仕事の原点を学ぶ意味でも、ぜひ古典を読んでほしいと思います。
　ジャン＝ジャック・ルソーの『エミール』は、1〜2年かけても学んでほしい原点的な本です。240年以上も前に、このフランスの思想家は教育とは何かを指摘しています（岩波書店から文庫本全3巻がでています）。ペスタロッチの伝記や著書も原点的です。
　こうした古典的文献は、何だか難しそうな印象で、とりかかりにくいかもしれませんね。でもルソーの『エミール』は、まずだまされたと思って最初の50ページだけでも目を通してみてください。

研究会で学ぶ

　民間教育研究会がたくさんあります。興味をもった分野から、まずは夏休み中の全国研究集会などに参加することをおすすめします（巻末に資料をつけました）。

先輩から学ぶ

私が新任の時、職場の先輩から「先輩からは財布以外何でも盗め」とアドバイスされました。これは「先輩を見て、よく学びなさい」ということです。

教室をどう活用しているか（掲示など）、事務的処理のコツにはじまって、子どもたちとの接し方などを「盗んで」ください。

教育以外から学ぶ

教師としての実力をつけるには、教育書や教師から学ぶ以外にも大切なことがあります。人間としての力量をつけることですから、先にあげた小説以外の文学や映画・演劇・音楽・展覧会などにふれて、文化的な力量をつける学びも大切です。

しかし、多忙が原因でこうした学びが弱くなることもあるので、意識して取り組むよう心がけてください。

教師という仕事は、読み・書き・見ること・行動することがすべて「教材研究」といえる性格をもっているのです。

悩みを相談できる人を持つ

赴任して何日もたたないうちから悩みは生じるものです。まして教え子たちは、４月の最初から扱いに困る事態を起こしてしまうこともあります。

同年輩・先輩・職種の別を問わず、心から相談できる人を持つようにしましょう（第６章参照）。

第2章 スタートの日に（始業式）

スタートがかんじん

ものごとは「はじめがかんじん」と言われます。「千里の道も1歩から」という教訓もあれば、「はじめのボタンをかけ違うと最後のボタンはかからない」という言葉もあります。

向山洋一氏はスタートの3日間を「黄金の3日間」と表現して、やはりはじめが大切であると強調しています。その意味で、始業式と2日目は「ダイヤモンドの2日間」とも呼べる大事な2日間です。

すでにこの期間が過ぎて今これを読んでいる人も大丈夫。このスタートの期間にこめられた中身を学んで、別なやり方でそのエキスを「やり直して」いただいても、まだまだ間にあいます。

始業式にどうのぞむか

新任のあいさつ

始業式であなたは子どもたちに紹介されます。「こんど○○小へ来た○○先生です。この春大学を出た、若くて元気な○○先生です」といった内容を校長先生が述べた後、いよいよあなたの登場です。

ただし、始業式当日というのは入学式がすぐ後に控えている学校も多く、初めての教え子たちとの出合いは多く時間をとれないことが多いのです。

そこで、あいさつも3分間が勝負です。始業式で全校児童を3分間でつかみます。

子どもをつかむ3分間スピーチの例

みなさん、こんど○○小の先生になった○○○○です。○○大学を卒業して、はじめて先生になりました。大学では先生になる勉強のほか、野球やサッカーもしてスポーツが大好きでしたから、この中で好きな人はなかよくしてください。

（サッカーボールなどを持って登場し、リフティングをやるのもよい。楽器のできる人は楽器も可）

わたしはこれからみなさんと元気いっぱいに遊んだり、勉強したりしたいと思います。

小学校の時から先生になりたいと思っていました。今、それができてとっても嬉しいです。一緒に頑張りましょう。担任になる子どもたち以外のみなさんともなかよくしましょう。よろしくお願いします！

はきはき、明るく、大きな声で全校児童に届くようあいさつしましょう。

パフォーマンスはあってもなくてもいいですが、やっても10秒・20秒で済ませられるものに限ります。やり過ぎはダメです。歌ならどの子も知っている歌の出だし部分だけでも可です。

長くやったり、いきなり「～できる人手を上げて！」などとやると子どもたちは面食らいます。他の先生から「なんだよ、いきなり。えらそうに…」などと思われないとも限りません。ホドホドに。

笑顔がいちばんです。これは忘れないでください。

担任する子どもたちへの第一声

始業式の第1日目は、担任が決まっても「はじめての教え子たち」と教室で顔を合わせてゆっくり話す時間がない場合も多いものです。新しい教室にも入らず、校庭のあちこちに集まって出席確認と明日からの予定を伝えて、10分ほどで解散して入学式の準備…ということもあります。ですから短時間で印象づける話し方を心がけます。

みなさん、おはよう！ さっき校長先生から紹介のあった○○先生です。どうぞよろしくね。今日はこの後すぐ入学式もあって時間がとれないので、1つめに出席をとって、2つめに明日のことを言います。

明日のことは今くばるプリントに書いてあるので、自分で点検して忘れものをしないようにしてください。

では出席をとりますので、大きな声で返事をして手を高く上げてくださいね。

（出席をとる）

さて、みなさん！　明日から一緒に勉強したり、遊んだりしましょうね。そこでひとことだけ、みなさんに最初のお話をしておきます。

先生は今年先生になったばかりの新米先生ですが、この○年○組をすてきなクラスにするぞーっと心に決めています。

ぜひみなさんも同じ気持ちで明日から学校に来てください。「すてきなクラス」ってどんなクラスにしたらよいのか、それはみな

さんがつくっていくんですから、すてきなクラスにするにはどうしたらいいか、こんなことをしたい、してほしい、という事を考えておいてください。

　この学級のおたよりのプリントに書いてあることをみなさんも読んで、そしてこれはおうちのみなさんにも読んでもらってください。

　それからもう1つ。おうちの人に「こんどの担任の先生ってどんな先生？」ってきかれたら、こう伝えてね。

1　名前は○○○○、22歳、独身。──独身って分かんない人はお友だちにきいてね。

2　趣味はスキーと絵を描くこと、バイオリン。──これは明日きかせてあげるからお楽しみに！

　ほかにはこの『学級だより第1号』のプリントに書いてあるので読んでね（配って読みきかせてもよい）。

　では、今日はこれでおしまいです。

　明日、楽しみだね。先生もはりきって学校へ来るからね。みんなも交通事故に気をつけて帰ってください！

母「こんどの先生ってどんな人だった？」
子ども「べつにー。ふつう。若い、大学出たばかりだって…」

　この程度の子どもの報告では、おうちの方々も「大丈夫かしら…」と思ってしまいます。

　「ねえねえ、こんどのボクたちの先生ってね！！」と家の人に喜んで報告できる内容を工夫しましょう。

第3章　学級づくりの基本

　第1章と第2章はかなり「手とり足とり」風のノウハウでした。もちろん同じようにそのまま…というわけではなく、あなた流にアレンジしてやることが大切です。

でも、自分流のアレンジをするのが大変で難しいことなんですよね！

　「こんな学級をつくりたい」というイメージも、おそらくまだボンヤリしているのが現実だと思います。第1章で述べた「心得」を中心の柱にすれば、あなたの基本方針のようなものもイメージされるかもしれませんが、それとてなかなかはっきりとはしないものです。
　新学期はじまって早々もう数日で何だか子どもたちがワイワイ（興奮もあって）騒いでしまって、静かにさせるのに精一杯になってしまう場合もあります。

「つかみ」のポイントとなること

先に例としてあげたようなパフォーマンスは絶対に必要ということではありません。やれる人は、でけっこうです。

> スポーツが得意な人…技の１つ２つを披露する
> 音楽が得意な人…楽器演奏や歌を披露する
> 絵が得意な人…描いた絵などを教室に飾る

などがあってもいいでしょう。特にないという人も、自分が趣味にしているものを紹介したり「もの」を見せるのは効果的です。

ただし、特に高学年の子には「さっそく自慢している」と受けとられないやり方が必要です。「先生はあれもできる、これもできる」とやるのはダメです。

「へーっ、すごーい」と思われるものを、爽やかにさっと少しだけ披露するのがよいようです。私はマジックをちょこっとやってみせて、新しい学級の子どもたちの「つかみ」に使うこともありました。

どれも「最初からたくさんやらない」のがコツです。「もっとやってー」と子どもたちにせがまれても、「次の学級のおたのしみ会やお誕生会にみせるよ」と言っておくのもよいと思います。

初日の「学級だより」の大切さ

始業式に子どもたちに渡す「学級だより　第1号」は当然前日までに用意しておきます。

あいさつ文の例

　○年○組の保護者のみなさまへ
　　　──新任のごあいさつ　　○○○○

　このたび当校の○年○組の担任となりました○○○○と申します。今春○○大学を卒業した、文字通りの新米教師、２２歳です。しかし、子どもたちと共に若さとファイトで、子どもたちの親しみのある学級づくりと学習に一生懸命取り組んでまいりたいと思っております。大学では国語を中心にした研究の他、スポーツにも親しみ、体力にも自信があるつもりです。

　現代の子どもたちの中に、いろいろ大変な問題もあると予想しておりますが、力のかぎり努力して、○年○組はすてきだ！と子どもたちが思えるよう、がんばりたいと思います。保護者のみなさま方も、どうぞご支援とご協力のほどをお願いいたします。

　私の心してまいりたいことは、次の詩にあるように、ひとりひとりのお子さんの可能性を信じ、各々「世界に一つの花」がひらくのを支援したいと思っております。

はきだめに
えんど豆咲き
泥池から
蓮(はす)の花が育つ
人皆に
美しき種子あり
明日
何が咲くか

安積得也(あづみ とくや)詩集
『ひとりのために』（善本社）より「明日」

　この詩には「明日」という題がついています。これを教室にかかげて私の「座右の銘」にしたいと思います。保護者のみなさま方も、ご遠慮なくご意見、ご要望をおよせください。
　これから、どうぞよろしくお願いいたします。

〇〇〇〇年4月〇日
教師となり、はじめての「教え子」に出合う前夜に

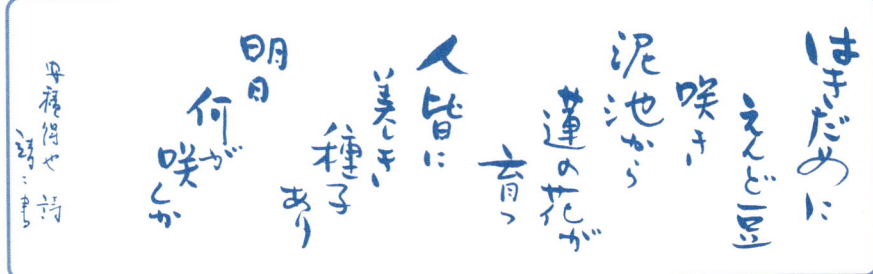

教室の後ろ正面最上段にパネルとして展示

第3章　学級づくりの基本

2日目がいちばん大切です 本当のスタート

始業式は何だかバタバタするうちに過ぎることも多いのですから、本当に子どもたちとあなたがスタートを切るのは第2日目です。まさにダイヤモンドの2日間のメインコーナーなのです。

**決め手の1
教室への第1歩**

教室への第1歩は緊張します。ドアの前でまず表情を整えます。にこやかな表情を心がけて…。でもいたずらっ子のいる中・高学年の場合、さっそく子どもたちの「テスト」が待ちうけている場合があるかもしれません（おなじみの「黒板ふき落とし」などがないか点検してから）。最初からドッと笑われると調子が狂います。万が一そういういたずらを発見したら、そっと後ろのドアから入って「みなさん、おはよう。残念でしたね」と、教卓に悠々とつくとよいでしょう。

**決め手の2
2日目の第一声**

選挙候補者の第一声ではありませんが、ちゃんと前日に「原稿」を用意しておくことが大事です。お芝居の台本のように、第一声で話すことは原稿用紙などに書き、実際に声に出して何度か練習をしてからのぞむ心がまえが必要です。

みなさん、おはようございます！　昨日の始業式ではゆっくりお話することができなかったので、あらためてどうぞよろしくお願いします。

さて、みなさん。私はこの春大学を卒業したばかりの「新米教師」には違いありませんが、ファイトと体力、若さだけはこの学校のどの先生にも負けません！　22歳ですから君たちとはたった○歳違いのお兄さん（お姉さん）ですね。

そう、○年前には私も君たちと同じ○年生で、そちらの席に座っていたんです。でも、今は君たちの先生ですからそのつもりでね。

だから、○年生としての勉強がちゃんとできるように教えようと思っています。もし勉強でわからないことがあったら何でも質問したり、「もう一度説明してください」と言ってください。これから勉強していく勉強は、前の○年生では全然知らなかったことがどんどんわかるようになるんですから、すばらしいと思います。

大昔の人は、雷が鳴っても、大雨が降っても、「天の神様お助けください」とお祈りしたりしていたのですが、今ではどうしてピカゴロゴロが空の雲の中で起きるのか、洪水を防ぐにはどうしたらよいかを知っています。

今まだわからない人は、これから勉強してわかるようになります。

もう人間はロケットに乗って宇宙や遠くの星にまで行くことができるようになっています。みなさんも月や火星にまで行ってみたいと思いませんか？

「いじめ」のないクラスにしよう

２つめは「いじめ」って言葉を知っているよね。だれかを何人もで「何してんだよう」とか「くさーい」とか、すぐにはパッパとできないようなお友だちをバカにするように言ったり、イヤなあだ名で呼んだりすることだよね。「自分が言われるほうだったら」と考えよう。

そういうことはこのクラスではぜったいやらない、「みんな仲よしだよ」というクラスにしたいと思います。

（ここは短くビシッと言い渡す調子で話します。）

この「いじめ」についてだけは、きびしく「絶対ゆるさない！」というふうにしたいと思います。このクラスでは「いじめられる人」も「いじめる人」も出してはいけないと、しっかりみなさんも心に決めてください！

このことだけには先生はきびしーくします！

楽しいクラスにしよう

このクラス○○名全員が「○組は楽しいなあ！」と思えるようなクラスにしましょう。もし、１人でも「こんなクラスもういやだ！」と思う人がでないように、昨日も頼んだように「どうしたらすてきなクラスになるか」みんなも考え、先生にも教えてください。

短くても印象深く話すのがポイントです。

第2日目 まだある大事なポイント

お話だけでは ダメ

スタートにあたってお話だけでは「お説教はじめ」のようでダメですね。

クイズやゲームなどでさっそくリラックスさせるのも1つの方法ですが、あまりスタートから楽しいムードにするのもクラスの状態しだいです。ちょっと子どもたちが緊張状態だなと思ったら、ケースバイケースで子どもたちのムードをやわらげる事も必要ですから、その判断は子どもたちの状況によります。

ぴりっとした スタートの 厳しさも必要

先の「いじめは許さない！」という担任としてのかまえは、ぴりっとした雰囲気で示す必要があります。もう1つ大事なのは、**「勉強する時は真剣に学ぼう」**と言いわたすことです。

担任する学年によって言い方は違ってかまいませんが、**「勉強する時」と「遊んでもいい時」の区別をしっかり考えてやろう、**ということを最初に確かめます。つまり、授業にどういう態度でのぞむかということです。

正しい姿勢で椅子に座る

みなさん、昨日から新しい学年に進級しました。まず、『○年生になったぞ、がんばるぞ！』ということを態度で示すために、姿勢を正してきちんと椅子に座ってみましょう！

でも、いつもずっとこういう姿勢では疲れてしまいますから、大事な時、先生が大切なことを言ったり教えたりする時、字を書く時などに気をつけてください。

こういう姿勢ではお勉強に集中できませんね。みんなでがんばるときは、みんなでぴしっとよい姿勢にしましょうね。

先生が時どき「集中！」と言ったら、姿勢を正しくして、おしゃべりをやめて、真剣に取りくんでくださいね。でも、そう言わないからといって、騒ぐことはやめてください。

発言のルール

では、教室で話してもよい時、発言といいますが、そのルールを確かめておきます。

授業中、何か言いたい時は「はい！」と一度だけ大きく言って手を上げてください。「はい」は1回だけでいいです。「はい、はい、はい！」はいりません。そして、先生が名を呼んで当てたら答えてください。

発言したかったのに当てられなくても、勝手に話さないで発言する人の言葉をちゃんと聞きましょう。たくさんの人が発言したい場合、当ててもらえない場合もありますが、先生はできるだけ平等に当てるように注意しますから待っていてください。

着席か立席か

発言の時は座ったままでいいですが、国語やその他教科書などを声を出して読んでもらう時は立ってください。これは、みんなに声がよく通るようにするためです。その時、引いた椅子は一度机の下にもどして、机の横に立って読むとかっこいいと思います。

もちろんみんなに聞こえる声で、大きく、はきはきと読んでくれるといいですね。当てられてもあまりうまく読めなかったり、声が小さい人もだんだんよくしていくといいね（練習してみせるのもよい）。

> 小鳥さんの声
> 犬さんの声
> ライオンさんの声

　低学年では、教室での発言の大きさについて、次の３つの声の出し方を教えます。

①　となりの人に聞こえるくらいの小鳥さんの声（小さい声）
②　５、６人くらいの人に聞こえる犬さんの声（ふつうの声）
③　教室中の人に聞こえるライオンさんの声（大きい声）

　いつも大声を出してしまうことがあるので、声をコントロールすることを教えます。
　あなた自身もつい大きな声にならずに話すように心がけてください。さっそく声を枯らさないように。

2日目の記念撮影も

　2日目も注意ばかりでなく、ちょっと気分をかえて、全員の記念写真を撮るのもいいと思います。

　校庭に並んだり、ジャングルジムにのぼったり、教師も入ってセルフタイマーで撮るとよいでしょう。

　後で記念になるし（はじめての教え子としての）、名を覚えるのにも役立ちます。また、すぐプリントに印刷して「学級だより」第3号、4号にも使うことができます。1人ひとりの写真を撮って横にコメントを書いてもらうのもいいですね。

学級だよりに写真つき速報も

　写真つきの「学級だより」は保護者のみなさんにも子どもたちにも喜ばれます。学校の印刷機の「写真モード」で写真のみ印刷して、文字のところと2度刷りするとはっきりと印刷することができます。

　最近はパソコンを使ってカラー印刷もできますが、枚数によってはお金もかかりますから、第1回授業参観日用として教室掲示に使うのも一案です。

　「はじめての教え子」ということで、みんなに特別にカラー版をフンパツするのもいいかもしれません。

第4章 学習のすすめ方のポイント

　「楽しくなければ学校じゃない」とはいえ、ただ遊ぶことが楽しいだけでは学校とはいえません（もちろん遊びの中にもたくさんの学びがありますから遊びも重視しますが）。
　「勉強が楽しい（学ぶことが楽しい）」
　先にもあげたこの言葉を実現するための授業づくり・学習のすすめ方に留意する必要があります。
　各学年に応じて子どもたちがよくわかる、そして楽しい学習内容をどうつくっていくかは正に教師の中心の任務であり、それこそ一番大事な仕事の中身です。

授業づくりの中心点

教材研究のすすめ方

　教材研究は、とても大事な授業の下ごしらえ・準備です。しかし、多忙な教師としての生活の中で、毎日すべての教科について充分な教材研究の時間が保障されていないのが現状です。「１時間の授業に２時間の教材研究が必要」と言われても、これでは寝る間もありません。
　教科書で教える以上、教科ごとの事前の授業計画や授業案は必要ですが、すべてにそれを立てるのは無理です。「１日１時間くらいは意識的で、ある程度準備を整えて授業にのぞむ」ことを心がけます。

> 昨日まで分からなかったことが今日分かり、
> 今日は分からないことが明日分かるようになるかもしれない

これが学ぶことの楽しさです。

「みなさん、今日勉強したこと（具体的に言う）は昨日までみんな知ってた？　だから今日は昨日より進歩したんだよ。さあ、明日はどんなことが分かるようになるか楽しみだね！」

歴史の上に今の私たちがいる

6年生の歴史の授業を例にとれば、初めて学ぶ歴史的な事件や古い資料などを通して、子どもたちを歴史の不思議の世界にいざなう——そうした授業もしてみたいですね。落語を取り入れたり、講談調におもしろく歴史を語るという手もあります。

「こういう歴史の○百年後に今の私たちがいるんだね。もし、この時代が少しでも違っていたら、今の私たちはいなかったり、大きく変わっていたかもしれないね！」

固いフタは テコであける

　全教科のすべての内容に力を込めるのは無理です。言葉は悪いですが、当然「力を抜く」必要も生じます。ちょうど茶筒のフタが5本の指全部に力を加えても開かないのと似ています。ちょっと脱力して、そっと上に持ち上げてフタをあける「要領」も必要です。

　また、力ずくでも開かない固いビンのフタを、栓抜きというテコを使って楽に開ける手があります。自分の得意とするところに力を入れるのもコツなら、逆に一番苦手とする教科の研究を自分に課すのも1つの方法です。

若さが一番の 武器

　体育の時間に、若い先生が子どもたちの先頭に立ってランニングをする姿はいいものです。ですから、その若さで子どもたちと一緒に取り組んでください。

　女性教師の場合、高学年相手だと徒競走や幅跳びでは負けてしまうかもしれませんが、子どもたちにとって「先生に勝った！」という体験には教育効果があります。

　走る若い先生の姿に子どもたちが「○○先生かっこいーい」と声をあげたのを聞いた中堅の先生が、「俺も一度でいいから言われてみたいなあ」と溜め息をついたことがありました。

　そう、あなたにとって若さこそ一番の武器です。ベテランの先輩には無条件で勝てます！

> **チャレンジを自分にも**

　かつて私の学校に赴任してきたS先生は、担任した5年生とさっそくチャレンジをはじめました。「35人36脚100m完走」「大なわ連続100回とび」「35人でフルマラソンの世界記録」に子どもたちと取り組むなど意欲的でした。

　子どもたちは大いに張り切って取り組み、この3つのチャレンジを見事に成功させました。

　2人3脚の要領でクラス全員の足を連ねて走る100m走（完歩）は、最初5、6人から始めて、10人…と人数を増やしていって、クラス全員で成功させました。マラソン世界記録は、42.195kmの距離を1人100mのリレー方式で何日もかかって世界記録を破りました。

　また、子どもたちだけでなく教師自身にもチャレンジ課題を設けました。「竹馬100mと階段のぼりおり」「一輪車」──いずれも最初はできなかったのを、子どもたちの励ましを受けてどちらも成功させたのです。

楽しい授業・導入で子どもをつかむ例

動物クイズ

では、さっそく楽しい授業のはじめは「動物クイズ」です。３問あります。３問正解の方には、そう、先生が学生時代に行った○○○○という国のコインを差し上げます。これです。もちろん本物。○○○○に行けばこれでお菓子くらいは買えますよ。

では第１問。
教師「耳の長い動物は？」
児童「ウサギ！」
教師「ピンポーン、正解です。みなさんもそう思いましたか？　じゃあ全員正解ということにしましょう」

第２問。
教師「首の長い動物は？」
児童「キリン！」
教師「ピンポーン、正解です。他のみなさんもそうでしたか？　わー、これじゃ３問正解で全員にこれをあげなきゃなりませんね。そんなにあったかな」

第３問。
教師「これは難しいよ。そう、答えは１０秒以内ということにしましょう。では、めの長い動物は？」
児童「えーっ、目が長い？」
児童「かたつむり？」
児童「かたつむりは目を支えているつのみたいのが長いんだよね」

教師「さあ、10、9、8、7…3、2、1。ブブーッ！ 残念でした！ 答はヤギです。だって『メー！』でしょう？」
児童「なーんだ！」

九九の問題

（3年生以上ならもう「九九」のクイズもできるでしょう。）
みんな九九はもう言えるよね。九九の有名なクイズに「おじいさんの顔のシワは何本？」というのがありますね。はい、知ってるよねこれ。そう、シワは4×8（しわ）32で32本ですね。
では、問題です。
おかあさんが、男の子2人の兄弟に、おせんべいを10枚おやつにあげて、「2人で分けなさい」と言いました。でも、お兄さんは弟には半分の5枚はやらずにズルをしました。何枚あげたでしょうか？
はーい、正解はにいさんが6。2×3＝6ですね。だから弟に4枚あげました。

つぎいくよー。
朝のうち、公園で子どもたちが15人遊んでいたよ。お昼になったので「お昼ごはん食べたら、もっと友だち連れてこようね」と言って別れました。さて、お昼ごはんを済ませてから子どもたちは何人遊びに来たでしょうか？
答は午後（5×5）＝25人でーす。

この川を早く渡るには？

ここに川が流れています（紙に書いた図1を示す。黒板に書いてもよい）。

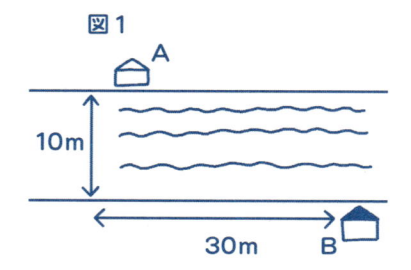

この川の幅は10mあって、川の向こうとこちらにA君とB君の家があります。そこで、この川に橋をかけて、できるだけ早く——つまり短い距離でA君の家からB君の家へ行くには、川のどこに橋をかけたらよいでしょうか。図のように、A君とB君の家は横にして測ると30m離れています。ただし、橋は川の流れに直角にかけます。（この問題は中学年以上でしょうね）

図1

子どもたちの解答例

図2　まん中にかける
A　15m
10m
これでは40mですね
15m　B

A君の家の前にかける
A
10m
30m　B
こちらでも40mです

ウ〜ン？

はい、正解は

図3
幅30mの広い橋をかけて斜めを行きます！

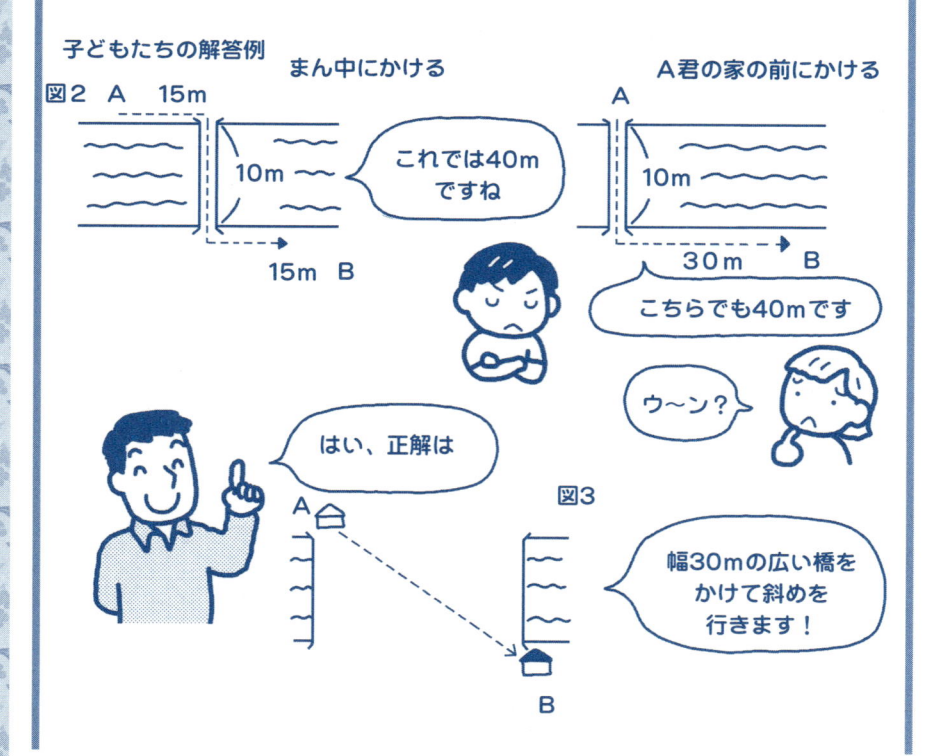

貯金はいくら？

（こちらは４年生以上向きでしょうか。）

みなさん、算数の問題です。今日４月○日に１円貯金したとします。次の日に２円、その次の日に４円。また次の日には８円…と、毎日前の日の倍のお金を貯金していくとすると、１カ月後（30日間としましょう）、貯金はいくらたまるでしょうか？

１円、２円、４円、８円、16円、32円、64円ですから、１週間目には64円貯金して、たまったお金は１＋２＋４＋８＋16＋32＋64ですから合計（いくらになりますか？）そう127円です。

おや、貯金合計の出し方を簡単にする方法があるみたいですよ。わかる人いる？

最後の日の貯金×２から１円だけ引いた数になっているね。

さあ、３０日間だよ。
じゃあ４択問題にしましょう。
① だいたい10万円くらい
② だいたい100万円くらい
③ だいたい1000万円くらい
④ だいたい10億円くらい

さあ、どれだ？

答はみんなで計算して、合計も（１＋２＋４＋……30日目の金額）－１＝を出します。これを米粒１日１粒でやり、実際に100粒ずつ持ってきてもらって、全体の量や重さを計算してもおもしろい。

驚きのある授業をつくる

「わーすごい！」と歓声があがる授業を

もちろん、子どもたちをびっくりさせる驚きだけを指すのではありませんが、実はこの「びっくりさせる」ことも大事な要素です。

私が「ふしぎ大好き」という授業を得意とするのも、子どもの驚きを引き出し、強い印象でそのものの持つ科学的事象や本質に誘導できれば、という狙いがあるからです。文字通り「マジック的手法」も使うというわけです。

ふしぎ大好きマジック付き授業

私が得意とするマジックを使っての授業は大人気です。

「みなさん、ここに赤いハンカチがあるよ。これをチョチョイのチョイと右手のてのひらの中に入れて…パッ！　あれー、消えたよ」

「あのハンカチはどこに行ったかというと…。○○くん、ちょっと前に出てきてごらん。○○くんの胸のポケットをちょっと拝見」

「あれーっ、ここからハンカチが出てきたよ！」

ご本人の○○くんはもちろん、どの子もびっくりです。

「さあ、次はどこから出てくるのかな」と、また消して、今度は演じ手である私の口の中から出したりして、2度びっくりさせます。

さて、このマジックのタネと演じ方はお問い合わせのあった方だけにお教えするとして…。

「みなさん、ふしぎと思ったことも、驚いてるだけじゃだめですよ。『どうして！？』と思わなくっちゃ」

そこで「！」と「？」のカードを出し、下の図式（？）を黒板に貼ります。

| ！ | ＋ | ？ | ＝ | 「考え」の入り口 |

「ふしぎなこと、わからないことを『なぜ』と考える人になってください。では、このマジックのタネは見破ることができるでしょうか」
と話して、何度かゆっくりやれば小学生にも見破れるマジックを演じてみせます。

そして

| ものごとが起きるには | そのもとになるものがある |

と示して、手品にタネがあるように、ものごとにはその原因となるものがあり、科学的に考えることの大切さを教えていきます。その中で「だまされない人になろう」と例を出して楽しく紹介したりします（振り込めサギの手など）。

こうした楽しさプラス驚きのある手段は、学習への導入手段としても役立ちます。

> **空きカンボコ
> ボコ大実験！**

これも人気のある理科の授業の一例です。
　アルミのビールカン（500ミリリットル）を使います。教師用には2リットルのものも迫力があります。他に、針金ハンガー・軍手・ガスコンロ（カセット式コンロが便利です）・水槽（洗面器でも可）を用意します。

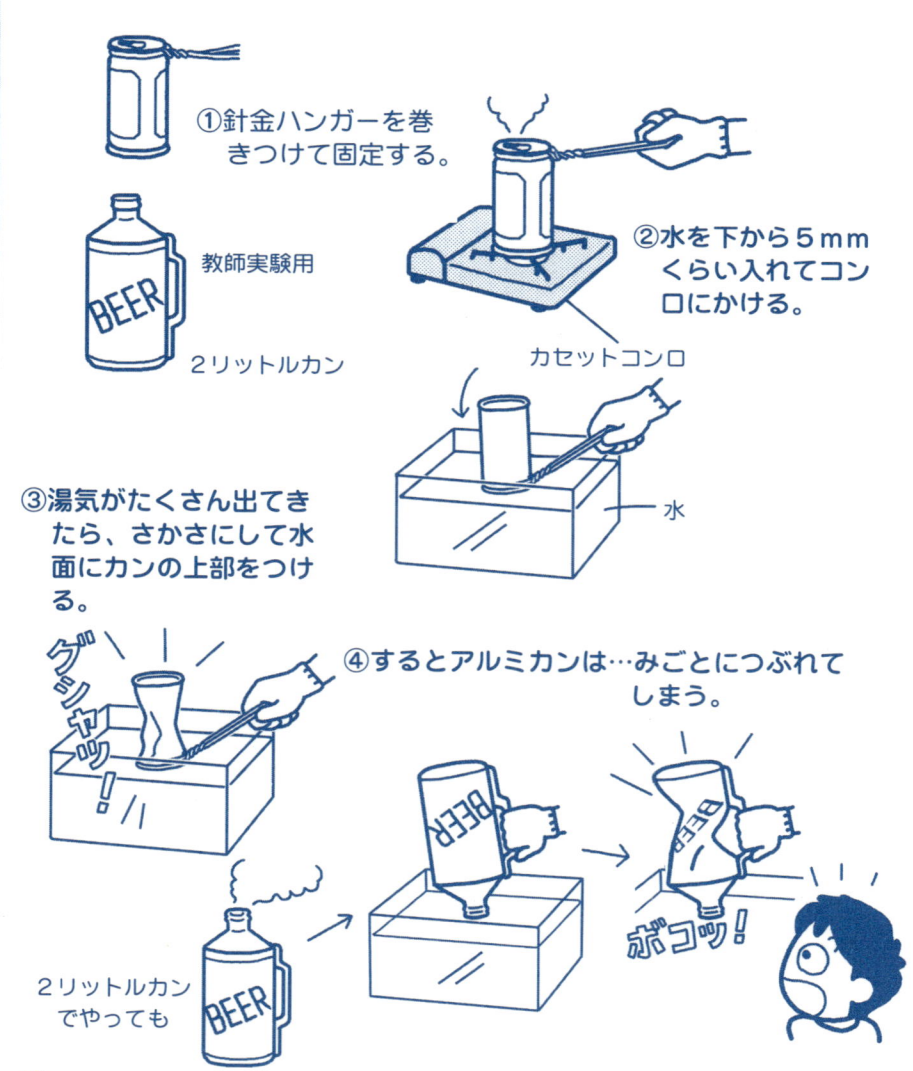

①針金ハンガーを巻きつけて固定する。

教師実験用
2リットルカン

②水を下から5mmくらい入れてコンロにかける。

カセットコンロ

水

③湯気がたくさん出てきたら、さかさにして水面にカンの上部をつける。

グシャッ！

④するとアルミカンは…みごとにつぶれてしまう。

ボコッ！

2リットルカンでやっても

第5章 保護者とどう協力していくか

　みなさんは、保護者の方々との関係にもまた一段と苦労を感じることがあると思います。初めての授業参観とその後の保護者会の時、私もお母さん方を前に冷や汗が流れたことを覚えています。

保護者の協力あってこその学級づくり

　しかし、学級づくりも保護者のみなさんの協力・支持があってこそ、その成果があらわれるというものです。保護者から担任として（教師として）の評価を得ることは大事です。全員が年上の保護者の方々を前に、あなたも私同様緊張されると思いますが、そう固くならず、自然体の自分を出してのぞまれるのがいいと思います。

はじめての保護者会（授業参観）

●準備するもの・話す内容

　最初の保護者会は、第１回目の授業参観日と同時ということもあるでしょう。保護者との懇談に備えて、３つの文書を準備しておきます。

1 今日の学習の要点を書く

　参観日当日の授業でやったことの要点と、子どもたちに理解してほしかった中心点を保護者会用プリントにも書きます。これは前日の「学級だより」や「授業参観と保護者会のお知らせ」のプリントに書いて配布しておいたものを使ってもいいと思います。

たとえば２年生の国語の授業であれば、次のようなものです。

教材

国語教科書　　〇〇ページ〜〇〇ページ
学習の目的　「文のなりたち」を知る
名詞と動詞のくみあわせと目的語や形容詞について知り、文の読みとりや作文に生かせるようにする。
たとえば

「鳥がとんでいる」
↓
「きれいな鳥が空をとんでいる」

などを通して、文章を内容豊かにすることを学びます。

あわせて「４月から今まで学習した内容の要点」を各教科について簡単に書いておくと、保護者に喜ばれます。

2 子どもたちの様子を書く

毎日子どもたちがクラスでどのように過ごしているかは保護者の関心事です。クラスで起きている問題点についても隠さず報告します（特に文字として記さなくてもよい）。

でも、「こういうクラスでありたい」など、自分が取り組んでいる生活指導上のめやすなどを書くのはいいでしょう。

3 クラスの目標を書く

① 学習している内容がどの子にもよく分かるようにしたい。
② 「いじめ」などのない仲よしクラスにしたい。
③ 毎日学校に来るのが楽しみになるようなクラスにしたい。

などを簡潔に書き、それについてみなさんの要望も聞いて努力するという、やる気を示したいものです。

要望や意見をきちんと聞く

さっそく保護者の方から注文が出るかもしれません。少々耳の痛い内容であってもちゃんと耳を傾け、誠実な態度で受け答えしましょう。

子どもたちに起きている問題点について「ご家庭にも問題があると思う」などと反論してはいけません。乱暴な振る舞いや授業中の騒がしさが目につく子どもの問題にしても、「みなさんのお力をお借りして頑張る」という態度で「ご支援をよろしく、若さとファイトで解決します！」と、爽やかに答えましょう。

「まだ教師として未熟ですから」「経験不足で子どものことがよく把握できてなくて」などの言い訳や「謙虚さ」は、前面には出さないよう気をつけてください。「若くて頼りない」という印象ではなく、「若いけどしっかりしている」「いいじゃない、ファイトがあって」と思われる方がいいですよね。

親に教師の思いを伝える

保護者は自分の子の担任がどんな教師かに大きな関心があります。出身はどこか、親の仕事は何かなど、教師のプライバシーにかかわることでも興味がありますから、差し支えない範囲で説明することは、安心感や親しみを持ってもらうことにもなるのです。

地方出身の教師が時おりお国言葉を交えたりすると、「私も〇〇出身です」「うちの人もその大学卒です」という偶然もあります。

時に「恋人は？」なんて質問が出ても、あっさり「残念ながらまったくいないんですよー」とか「ご想像にお任せします」などと爽やかに対応するのがよいでしょう。

話題を豊かに

保護者会用の当たり障りのない会話より、素直で個性のある会話も好感を持たれます。

趣味のスポーツその他の話、最近の出来ごとで心に残ったこと、読んだ本からの感想を少し話題に入れるのもいいですね。先人の言葉を引用して「学級だより」に載せたり、保護者会用の資料に加えるのもいいと思います。好きな詩などを読んで、担任の人となりを理解してもらうヒントとするのも１つの方法です。

私は、先に紹介した安積得也の詩集や、好きな作家・詩人の作品を引用したり、新聞のコラムや短歌欄からも選んで話題に加えたりしました。

光明

自分の中には
自分の知らない
自分がある
みんなの中には
みんなの知らない
みんながある
みんなえらい
みんな尊い

みんなみんな
天の秘蔵っ子

安積得也

詩の全文はこの3倍ほど長いのですが、こうしたものを紙に書いて教室に掲示するもよいでしょう。

教室はまちがうところだ

教室はまちがうところだ
みんなどしどし手を上げて
まちがった意見を言おうじゃないか
まちがった答えを言おうじゃないか

まちがうことを　おそれちゃいけない
まちがったものを　ワラっちゃいけない
まちがった意見を　まちがった答えを
ああじゃあないか　こうじゃあないかと
みんなで出しあい　言い合うなかで
ほんとのものを　見つけていくのだ
そうしてみんなで　伸びていくのだ
　　　　　　：
（中略）
　　　　　　：
まちがったって誰かがよ
なおしてくれるし教えてくれる
困ったときには先生が
ない知恵しぼって教えるで
そんな教室作ろうやあ

蒔田晋治
『教室はまちがうところだ』
（子どもの未来社）より抜粋

千の子どもに千の花

すべての子どもたちに、それぞれの花を咲かせましょう。

保護者への心づかい

　一段高いところから「こうあるべき」といった雰囲気で押しつけるのではなく、教師は子育ての支援者としてアドバイスをさせてもらうという姿勢でのぞみましょう。

　「私は未経験者ですが、子育てって本当に大変ですね。頑張っておられるみなさんのお話をお聞きして、勉強になります」という感じで接するのもよいでしょう。

保護者会に役立つ資料 1 ── 子どもの発達段階を知る

　保護者会での話題に役立つ資料としてプリントを用意するのもいいことです。

　たとえば３年生（または４年生）の場合、子どもたちは今どういう発達段階にあるのか、その発達の道すじを親も教師もしっかり受けとめながら子どもを見ていきましょう。こうした話し合いの資料として次のようなレジュメも役立ちます。

発達の階段を登っていく子どもたち

子どもの発達の道すじを頭において

　子どもたちがどういう道すじを通って「発達の階段」を登っていくのかを頭に置いておくことが大事です。

★ 量的発達と質的発達の階段

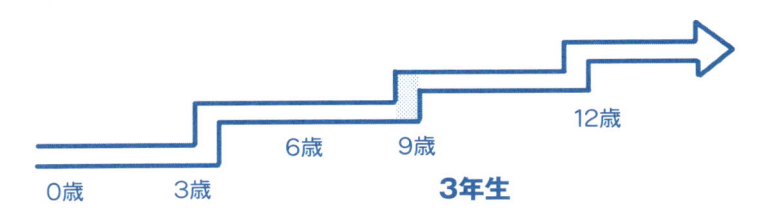

0歳　　3歳　　6歳　　9歳　　12歳
　　　　　　　　　　　3年生

　量的発達とは、子どもたちのなかにいろいろなことが蓄積されていく時期です。

- ０～３歳……「ひと」としての能力がだんだん蓄えられていきます。言語の力の基礎が築かれます。
- ３～９歳　幼年期……人と人との関わりが、遊びと生活を通して大きく伸びていく時期です。

第5章　保護者とどう協力していくか

9歳の壁

一般に「9歳の壁」といわれる質的発達は、ちょうど3年生の時期にあたります（個人差はあります）。

ここでぐーんと質的に伸びる際、壁が立ち塞がっています。この壁をうまく乗り越えられるかどうか、不安を抱く方も多いのです。

★ 第1の壁……自立の壁

日常の基本的な生活習慣を自分でやることによって、壁を越えることができます。
① 朝、自分で起きる。あるいは声をかけられたらすぐ起きることができる。
② 朝の基本的生活習慣（着替え→洗面→トイレ→朝食→登校準備・持ち物点検）、これらを「習慣」として自分でできるようになる。

★ 第2の壁……自律の壁

自分を律する（セルフコントロールできる）能力は、自立と合わせた「2つのじりつ」として大切です。

あとで弟と一緒に食べよう

要求（欲求）のまま衝動的に動くのではなく、おやつでも「あとで弟と分けて食べよう」とか、遊びの場面でもルールを守るなど、自分の行動を社会的な規範に合わせる能力を身につける時期なのです。

★ 第3の壁……飛躍的発達

この時期には、質的発達が飛躍的に促されます。いわば幼年期から少年期への飛躍です。「2つのじりつ」はそれをしっかり支えます。もちろん個人差がありますから、3年生ではかならず飛躍がなければおかしい、というものではありません。

★ 情緒の発達

この時期には、情緒、いわゆる感性も大きく発達してきます。

> 情緒
> ①ある事を思うにつれて生ずるさまざまな感情。思い。
> ②喜、怒、哀、楽、怨、驚、希望、愛情、煩悶、恐怖などの強度の身体的活動、特に顔面筋肉活動による表情とを伴う複合感情。（三省堂版『広辞林』より）

②の、人としてのさまざまな感情が「身体的活動、特に顔面筋肉活動による表情」を伴うとは、おもしろい解説です。

この点からも、「無表情な子」は感性発達の上からちょっと問題としてみなければいけないでしょう。

下の図は、有名なペンフィールドの模式図です。大脳がどのように身体の活動と関わっているかを表しています。表情や手指が大きな部分を占めていることがわかります。

大脳皮質の領域
（ペンフィールド画）

感覚領：手のひら、小指、薬指、中指、人さし指、親指、眼、鼻、顔、上唇、唇、下唇、歯・歯ぐき・あご、舌、咽頭、体内／手首、前腕、ひじ、肩、頭、首、胴、尻、上脚、下脚、ひざ、足首、足指、生殖器

運動領：胴、肩、ひじ、手首、手のひら、小指、薬指、人さし指、中指、親指、首、まぶた・眼球、顔、唇、（発音）、あご、舌、（唾液分泌）、嚥下、（かむこと）

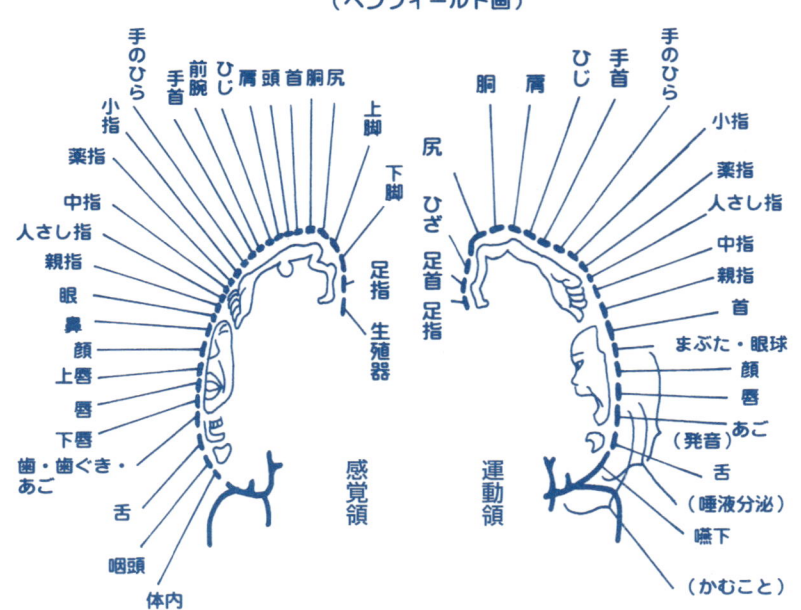

発達の2つの積み木

右の積み木図は、A型のように「①本能、意欲など」が発達の土台にどっしりかまえていることの重要さを示しています。

B型のように逆転していては、いわゆる「頭でっかち」の子どもになってしまい、不安定ですね。

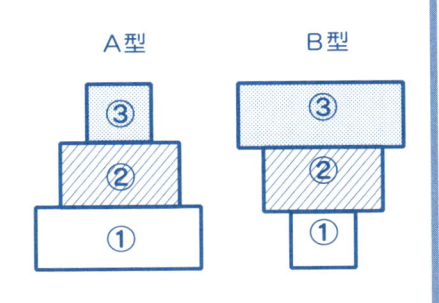

さきに示した情緒、つまり感情豊かな土台が大事です。82ページに引用したレイチェル・カーソンの指摘も当てはまります。

> ①本能、意欲、子どもの身体そのものに根ざす活動、情緒
> ②生活体験、具体物とのふれあい
> ③言語、学習の世界（第2信号、動物にはない世界）

あらためて勉強、勉強！

私たち教師も、知識としての勉強ではなく、子どもたちをしっかり把握するための実践的な勉強をすることが大切です。

保護者会に役立つ資料2 ── 子どものやる気をなくさせるには

　どうしたら子どもたちに「やる気」を持たせることができるか──そのウラを返せば…のヒントを紹介します。

「やる気」をなくさせるあの手この手

1　自信を失わせる……「できるかなー、ムリねあなたには」
2　叱り専門でいく……叱ってばかりでほめない
3　自尊心を傷つける…欠点をチクリとやる
4　無視する……………「そんなこと関係ないでしょ」
5　失敗を続けさせる…とびつけない目標を示す
6　環境をこわす………心の環境をこわすのが効き目大
7　努力をバカバカしいと教える…「いくらやったって…」
8　皮肉をたっぷり……「あらまあ、珍しいわね勉強なんかしちゃって」
9　いつもできる人と比較する…「けんちゃんてすてきね」
10　できるだけ先まわりし、道を平坦にしてやる…「あなたのためよ」
11　興味や趣味を評価しない…「勉強に関係ないでしょ！」

こんな逆説的な資料も、「笑いながら」子育ての教訓とすることができますよ。

保護者会に役立つ資料3 ── 夏休みの過ごし方のヒント

「夏休みは大変」にしないで、親も共に育つように

　子育てとは、手のかかる煩わしさを「ああ、大変」にしないで楽しみにしていく作業ではないでしょうか。夏休みは、そのいいチャンスになります。

☆ 心身ともにググッと飛躍させて
　４０日間もの夏休みを前に、これを「ああ、長い日数、大変だ」と感じるのではなく、子どもたちの大きな成長のバネにするために、どう過ごすかを考えてみましょう。
　ふだんとは違うわが子を発見したり、親子の交流の機会にしたいものです。

☆ 「やったぞ！」という思い出を
　夏休みは子どもたちの自覚を促すチャンスです。
　将来にわたって「○年生の夏休みにはこんなことがあったね」と思い出に残るようなものにしたいですね。

☆親が方針を持って
　もちろん子どもの意見は聞きますが、親の心がまえが大切なのです。

夏休みの過ごし方　12のヒント

1. 親子で計画を立てる
子どもたちに目標を持たせましょう。
① 100m泳ぐ、
② 作文を30枚書く、
③ お手伝いをする…など。

2. 生活ルールをつくる
① 1日の生活表をつくる
② 親のいない時間の過ごし方（電話の取り次ぎ、戸じまり…など）
③ 自分の観るテレビ番組を表にする…などもよい
④ 生活のしかたを表にする（洗濯物の出し方、風呂の使い方…など）

3. 親子でものをつくる
親子で工作や料理などに挑戦しましょう。
父親が腕を奮う機会もぜひつくりたいものです（竹細工、木工作…など）。

4. 野鳥観察などを一緒に
夜明けとともに近くを歩くだけでも素敵な発見がありますよ。

5. 地域行事に親子で参加
お祭、町会での取り組み、子ども会のラジオ体操…など。
地域の大人たちとの触れ合いのチャンスでもあります。

6. 近所とのつきあいを深める
「ともにわが子」という考えで、早朝の魚市場見学や「○○くんちで勉強会」などもできますね。

7. 親子で合宿に取り組む

　３家族くらいでペンションふうの場所を借りて、２、３日過ごす合宿はいかが？

　山歩き、郷土館の見学、写生会など、いろいろな体験ができることでしょう。

8. 思いきって親から離れる

　それぞれの家庭の事情に応じて、親戚の家へのお泊まり、かんたんな鉄道の乗り継ぎ体験…などを。

9. 親子で文化に触れる

　広報紙などで調べて、科学展・プラネタリウム・映画会・音楽会などを観に行きましょう。

　動物園などでの体験教室もチェックして応募してみては。

10. 親子で夏休みの反省をする

　夏休みにできたこと、学んだことを思い起こします。

　作文や絵をまとめてファイルする（できれば製本まで）のもよいでしょう。

11. アルバムをつくる

　スケッチブックなどに、写真やパンフレット・絵ハガキなどを貼り、イラストやキャプションをつけて、手づくりの１冊を仕上げたいですね。

12. 思い出を家庭新聞にする

　直接写真などを貼りこんだ壁新聞を何部かコピーして、親戚に送ったりしましょう。

　記事は家族みんなで「編集会議」を開いて、相談しながらつくるとよいでしょう。

第6章 問題をもった子どもの対応

いじめ発生のサインを見逃さない

　子どもたちの間に生じる問題は「いじめ」という形で発生してくる場合も多いものです。
　この問題では当人は本当に「学校に来るのがイヤになる」ほど悩みますし、親も「行きたくない」というわが子の様子に驚き、うろたえ、何とかしなくてはと焦ります。
　さてそのいじめ発生のサインというか、子どもたちの様子の変化をどう見たらよいかという問題です。

「よい」あだ名　「悪い」あだ名

　「みよちゃん」とか「チーちゃん」という愛称で呼びあうのは気にならなくても、黒田さんを「クロちゃん」と呼ぶ場合、たまたまその子が色黒であった場合は、その子を傷つける呼び名になる場合もあるでしょう。愛称にも気をつける必要があります。

物隠し・落書き

　何かがなくなるのはいじめの初期症状ともいえるサインです。靴隠しや靴箱から人の靴を移動するのもサインの１つです。
　落書きにも注意が必要です。その内容には見逃せない場合がありますので、気をつけましょう。

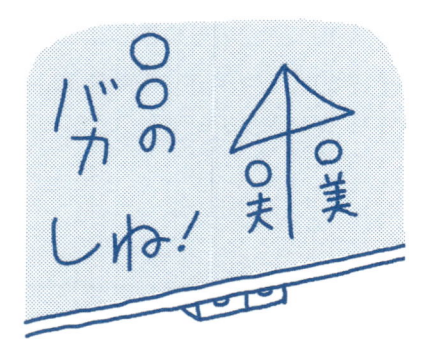

靴のかかと踏みばき

登下校時の靴や上ばきのかかとを踏んではくのも１つのサインです。かかとを踏んでペタペタと歩いている子にはそれとなく注意すると共に、何かの欲求不満のサインではないかと見る必要があります。

トイレ遊び 服装の変化

何人かでトイレで遊ぶ、または体育館の用具入れなど人目につかないところで遊ぶのにも注意が必要です。教師には見えにくいので子どもたちの情報を気にとめてみることも大切です。

また、高学年では服装が派手になったり、芸能人などを真似したがったり、髪を染めたりする子もでてきます。家庭環境などを含めて、その背景を考えてみる必要があります（親もそれを問題視していない場合がある）。これは「髪を染めるのはいけない」から出発するのではなく、「なぜそうしたくなったのか」、その子の心の変化を見ることが大事です。

靴への画びょう入れ 掲示物破り

靴の移動や靴隠しのレベルが一段上がると、靴や机の中に「死ね！」などと書いた紙片を入れたり、画びょうを入れたりするいたずらに進む場合があります。

また、貼り出された友だちの絵や作文などを破り捨てる行為、校舎の壁などへのすぐには消せない油性サインペンなどでの落書きも、かなり深刻さをもったサインです。

手にあまるような事態が生じたら

保護者への説明も必要

「新学期が始まってまだ1～2ヵ月なのに、落ち着きがなく、集中した授業を保持できない」「注意をしても騒がしくしてしまう」「さっそく『いじめ』に似た行為が発生して、特定の子がターゲットになっているようだ」「すぐカッとなって暴れたり、教室をとび出したり、友だちとトラブルを起こしてしまう子がいる」

このような状況は、保護者たちにも率直に説明する方がよいと思います。個人名はあげずに、その子の人権に配慮して話すことにも留意してください。

叱らずほめて考えさせる

問題行動をする子には、大声で叱ったり「どうしてそんなことをするのか！」と問いつめても意味がないことが多いものです。興奮している時などはヤブヘビです。

落ち着いて、ゆっくりした口調で、「どうしたの？」「へーっ、そうなの。だから怒っちゃったんだ」「で、○○くんがどんなことを君に言ったの？」などと、できればお茶など出してあげて話すと効果があります。

「叱る」から「さとす」へ

もちろん大きな声で叱る場面もあるでしょう。でも、声で叱っても目では許している状態でないといけません。教師が感情的に怒り、怒鳴ってしまってはダメです。子どもたちと面と向かって、上から「叱る」のではなく「さとす」態度が大切です。

どの子にも「よくなりたい」という願いがある

　もちろん、荒れた子どもたちに笑顔を取り戻すのは、とりわけ難しいことです。しかし、どんなに荒れ狂っているように見え、教育不能なのかと思ってしまう子どもでも、「よくなりたい」「勉強がわかるようになりたい」という願いを持っています。そして、なにより学級の子どもたちすべてが「よいクラスにしたい」と願っているのです。

　私たちは何より、この願いに寄り添って子どもたちを見たいものです。

1人で悩まない

　子どもたちが騒いだり、事件的な問題を起こしたりする状況になってきたら、「どうしよう！」「私には力がないのか」「教師として向いてなかったのでは…」と悩みこまないで、学年会や身近な先輩に相談しましょう。

　管理職から苦言を言われたり、「あなたの指導力に問題あり」「教師としてどうか」などとめげるようなことを言われる場合は、もっとあなたの身になってアドバイスしてくれる他の人の助言も得るようにしましょう。

悩んだ時こそ学ぶチャンス

悩み、困った時こそ学ぶチャンスと考えて、積極的に本や研究会、先輩から学びましょう。

もう一度原点に立ち戻って、「私はどんな教師になろうとしていたのか」「初心はどんな気持ちでいたのか」など、先に記録しておいた「教育日誌」を読みかえすのもいいと思います。この問題点を分析するため、ありのままを文字にして記録し、それを先輩に見てもらうのもいいでしょう。

落ちこんで自分を責めない

先に述べた通り、1人で悩まないと同時に自分を責めないことです。「まあ何とかなるさ」と、ある程度楽天的な気持ちで、「とりあえず明日はこの手で子どもたちにあたってみよう」と作戦を考えましょう。

授業を予定の週案通りにこだわらず、息ぬきもかねてスポーツや遊び、ゲームなどで子どもたちの気分転換を図ることもあります。

しかし一方で、子どもたちの「いいじゃん、遊ぼ！」のコールに負けない態度も忘れずに。気分転換のためなのですから、子どもたちの遊びの欲求に引きずられないことも大切です。

教師が心の病気にならないために

迷わず相談

　教師が子どもたちの指導に悩んだり、同僚や管理職との人間関係に悩んだりして「心の病気」にまでなる例が近年増えています。ついには教師自身が学校に出てこられなくなったり、長期に休まざるを得なくなる場合もあります。
　悩みこむと先に述べたような現状分析もちゃんとできなかったり、何をどうすればよいかが分からなくなって、夜眠れない日が続いたりします。こうした状況になれば、迷わず信頼をおける人に相談しましょう。

同年代の仲間づくりをする

　新任研修などで顔見知りになった同年代の仲間と、研究会の後のお茶や居酒屋でさらに親交を深めて、語り合う関係をつくりましょう。お互い悩みを言いあったり、情報を交換しあったりできる仲間づくりが一番支えにも力にもなります。
　新任の仲間同士何人かで「どんぐり会」とか「虹の会」（毎月第1土曜日の2時に集まって語るからそんな名にした実例もあります）などをつくるのもよいことです。

> **自分の要求に
> みあう研究を**

　明日からの授業に役立つ研究や、教師として「なるほどそういう核心をおさえなければいけないのか」「そうだ、教師になって本当によかった」と心から思え、確認しあえるような研究こそ大事です。「私はこういうところが知りたい、学びたい」という、みなさんの要求に基づく研究こそ大事なのです。

　これは子どもたちの学習と置き換えてみても同じです。むりやり押さえつけられ、押しつけられるような学習がおもしろいわけはありません。これは、みなさんが大学入試や教員採用テストの前に猛勉強を強いられながら感じた経験済みのことではないでしょうか。

第7章　青年教師の生き方

教師としての悩みだけでなく

みなさんは新しい教育の現場で、しばらくは新任教師として他の事は考える余裕もないほどに目のまわるような毎日を過ごすことになるでしょう。

一方で、教師としてではなく自分個人の問題として悩みを持つことも多いでしょう。逆にそれがなければ、教師として生きていく上でも子どもたちを指導していく上でも、おかしい「欠陥教師」になってしまいます。

恋愛について

私が独身教師だった頃です。若者だけのある研究会（教職員組合青年部の青年教研というのがありました）で、「青年教師の恋愛と結婚」と題する研究分科会が開かれ、参加したことがありました。みんなにも興味・関心があるとみえて、たくさんの若い教師たちが参加しました。

まだ３０代の講師の先生は、「教師としてどう生きるか」とか「青年教師はどんな力を発揮すべきか」といった話をした後、このテーマに沿って話を始めました。その中で、「じゃあ、聞いちゃおうかな。この中で将来を約束した相手を今持っていないという人、手を上げて！」と私たちに問いかけました。まわりの様子を伺いつつほとんどの人が手を上げたので、いちだんとホットな気分になって話の続きを聞いたものでした。

恋愛・結婚は、青年なればこそ悩んで当然の問題です。

問題を軽視せず真剣に

大学時代から続いている恋人がいる人は、お互いが社会人になったことで新たな悩みを生じてしまう場合があります。

教師同士であっても赴任地が遠く離れたり、近くにいても相手が別の職種であれば仕事上の悩みですれちがいが起きることもあるからです。

こうした問題を忙しさのせいにして放っておくと、今までの関係も壊れかねません。どんなケースであれ、忙しさをぬってメールや手紙を通してちゃんと思いや意見を交しあう努力が必要です。

思いを伝えあうことの大切さ

私たちが若い頃はメールもケータイもありませんでした。もちろん電話はありましたが、下宿先ではあまり長電話もできません。もっぱら手紙を書きに書いてお互いの思いを伝えあいました。遠距離恋愛でしたから、京都―東京間を２日に１度くらいの頻度で、便せん何枚もの手紙を出しました。子どもたちのこと、毎日の生活のこと、読んだ本のこと、観た映画や演劇のことなどを書きつらねました。もちろんその中で相手への思いも書きました。

遠距離恋愛や採用テストの受け直しなど、置かれた条件の中で自分たちが抱える問題を克服しあっていったわけですが、みなさんを待ち受けているさまざまな問題や障害も、ぜひ乗り越えてほしいものです。

逆に、相手がいない悩みもあります。また、失恋という痛手を味わうかもしれません。これらの問題もケースバイケースで、信頼できる先輩や友人を相談相手に持って解決してくださるようお願いします。

第7章 青年教師の生き方

自分を輝かせてこその恋愛

いくら恋人がほしいと思っても、自分が輝くことなしには素晴らしい相手に出合えません。じっと待っていて、ある日突然相手が白馬に乗って現れるわけではないのですから。

まず自分を輝かせること。教師としての実践と興味あることへ積極的に挑戦していくことが大切です。そうした場での出合いこそ、共通の感動や感情を共にし、お互いに共鳴しあえる条件になります。

新任教師であるあなたは多忙な日々を過ごされると思いますが、休みの日にはパッと切り替えて、プライベートな生活も充実させるよう頑張ることも必要です。

生き生き、はつらつとしていること

生き生き・はつらつとした教師であるためには、今のあなたが生き生き・はつらつとしていることが大切です。それは何も恋愛をしているからどうこうではなく、何よりこれから教師として、人としてどう生き甲斐を感じられる生き方をめざすのかを日々求めてほしいのです。

これはあなた方1人ひとりの問題であると同時に、あなたの前にいる子どもたちにも、あなたの生き方（はつらつさも、楽しさも、そして悲しみも）が反映されるからです。

輝く自分づくりのために

輝く自分をつくるにはどうしたらよいのでしょうか。
いくつかのヒントを示しましょう。

5つのヒント

1. 生活上の自立

教師として、社会人の1人として、生活上での自立に向けて日常生活をつくるということです。親と共に暮らす人も、生活の多くを親に依存しないよう努力しましょう。

もちろんある程度の援助を得ることはあっても、社会人になったのに起床の声をかけられたり、上げ膳据え膳、洗濯もオール親任せでは困りものです。

2. 健康の保持

1人暮らしをはじめた人は特に食事に注意してください。朝食ぬきや、夕食まで外食にほとんど頼ったり、休日もファーストフードばかりではいけません。

健康な体づくりなくして体力を必要とする教育実践は不可能ですから、「若いから大丈夫」ではダメです。科学的な根拠に基づいた食事を中心とした体力づくりを心がけてください。

3. 気分転換法を持つ

四六時中教師でなくてもよいのです。自分自身にとって仕事以外に快適に感じることをやりましょう。疲れ果てて休日はボンヤリとテレビばかり見て、何するでもなく過ごしてはダメです。疲労を解消するためにもスポーツや趣味を生かす取り組みをしましょう。

4．AでなければBへ

気分転換術とも関連しますが、1つのことや方法にこだわらないことです。教育技術もいろんなやり方を試すなど、「こうでなければダメ」という石頭症（文字通りいしあたま）的でない柔軟な思考も大切です。

5．多忙病を克服

教師の二大病は4の石頭症と多忙病です。多忙は思考の幅をせばめて、目先のことしか見えなくなります。たとえば学芸会などの行事の前、そればかりに集中してしまうあまりふだんのマイペースを壊さないよう気をつける必要があります。

そして何より
自分自身の体と心を壊さないことです。

体も心も無理から壊れます。自分では壊そうと思ってなくても、無理やゆとりのなさ、多忙、子どもたちの問題行動、親や管理職からのプレッシャーなど、知らず知らずのうちに体と心を損ねてしまうことがあります。

元も子もなくすことのないように

せっかく教師になったのに、体や心を壊して長く休んでしまうことになったら、それこそ元も子もなくしてしまいます。「テキトー」という言葉はよくありませんが、「適当」という字は「丁度適していて当を射ている」ということです。「よい塩梅（あんばい）」も塩かげんがよろしいということですよ。

第7章　青年教師の生き方

若さと はつらつさ こそ宝

　何より「若さ」というベテランがかなわない輝きを持つと同時に、はつらつとした心の輝きを持つ、そんな教師は子どもにとっても素敵です。
　あなたが子どもたちの初恋の相手になるほどに輝いてほしいと思います。

「教うるとは
　　永遠(とわ)に未来を語ること
　　　新任校の香り立つ窓」

こんな短歌が新聞にありました。

「学ぶとは誠実(まこと)を胸に刻むこと
　教えるとは未来を共に語ること」（ルイ・アラゴン）

　上に引用した詩の作者はおそらく若い教師でしょう。このはつらつさを感じられる教師になってほしいと思います。この教師の立つ窓辺から爽やかな春の風が吹き込んでくるように感じられるではありませんか。

青年教師の 生き方を求めて

　「生き方」と言うとちょっと大げさに聞こえるかもしれませんが、教師としていかに生きるかも、恋愛や結婚という問題も、若いあなたたちにとって切実です。「本当に教師になってよかった」と思えるような教師としての生き方は、子どもたちにもよい影響を与えられるでしょうし、保護者からの信頼にも連なっていくでしょう。

第7章 青年教師の生き方

未来を創る教師として

私が新任教師だった年、ある大きな研究集会で、参加した父親が研究会の最後に感想を述べられました。

> 私は豆腐屋ですから、みなさんに喜んでいただける豆腐をつくる自信はございます。しかし、未来はつくれません。先生方は、子どもたちの未来をつくるお仕事なんです。

この言葉を聞いて非常に感動したことを覚えています。そして今、いくつかの教師冥利につきるような感動を教え子からもらった経験を持つ者として、このメッセージを若いみなさんに書いています。

教育の、教師のバトンをみなさんにお渡ししますから、どうか明るく爽やかに、教師という仕事の素晴らしさにこれからも取り組み、子どもたちと共に伸びていってほしいと願っています。

「教師　この素晴らしき仕事」
こう胸を張れるように…。

第8章 教師を励ます言葉

　私は、多くの先人たちに学び、励まされてきました。教育者はもちろん、思想家・文学者・詩人・市井の先輩たち、そして教え子を含む子どもたちの言葉にも——。「それが教師というもの…」とアドバイスをくれた６年生の教え子もいました（91ページ参照）。また、映画の中のセリフにもはっとさせられるものがありました。そのいくつかを紹介しましょう。

「持ち味」

> 持ち味
>
> なぜこの世に
> 松があり梅がありばらがあるのであるか
> なぜこの世に
> 馬があり獅子があり人間があるのであるか
> なぜこの世に
> 地球があり太陽があり北斗七星があるのであるか
> なぜ人間の持ち味が違い
> ばらの色に区別があるのか
> なぜだか知らない
> しかしそういう世界に生きていることが
> うれしいよ
> みんな手をつないで
> めいめいの持ち味を育て
> ひとつの世界を育てようよ
> みんなが同一でないことを感謝する
>
> 　　　　　安積得也詩集『ひとりのために』（善本社）より

　この詩は「人皆に美しき種子あり…」を書いた安積得也の同じ詩集『ひとりのために』にあるものです。ちょっと文体は古いのですが、やはり１人ひとりを違った主体者として見ようとする彼の視点が感じられます。

「ジグザグ道よ、私を、私たちを鍛えておくれ」

　近藤薫樹(しげき)は、私の義父で1988年に亡くなりました。日本福祉大学教授、それ以前は東京都武蔵野市の私立西久保保育園園長を勤めました。『集団保育と心の発達』（新日本出版社）などの著作があり、かなりの保育者や母親に読まれました。彼が残した詩の中に次のようなものがあります。

ジグザグ賛歌

子どもの発達も
人生の軌跡も
登っては下り、進んでは登る
病んでは癒え　泣いては笑う
しばし停滞
急な飛躍
ジグザグあればこそ
子どもは鍛えられ
人の心は豊かとなる

人類の進歩も
社会の歴史も
そのジグザグの
紆余さらに長遠
曲折はるか複雑
幾百千万　生命かさねて
開く道　子どもに託し
人類は未踏の道を行く

ジグザグ道よ　私を
私たちを鍛えておくれ

　「99人の子に最善のこと一人の子に最悪のことあり、99人の子に最悪のこと一人の子に最善のこともあり」も彼の言葉でした。私は彼と長年同居し、病床にあっても机にしがみつくように執筆をしていた姿を見ていました。彼の著書や助言から、私たちの子どもの子育てに関して多くの示唆を得ました。

「子どもを不幸にするいちばん確実な方法は…」

　ジャン＝ジャック・ルソーの名を知らない人は、教師の中ではいないと思いますが、彼の著書『エミール』をしっかり読んだり、学んだ人は多くないでしょう。今から240年前に書かれた『エミール』は、教育の本質を突いて今も古くありません。その中にこの一節があります。

> 　子どもを不幸にするのにいちばん確実な方法はなにか、それをあなたがたは知っているだろうか。それはいつでもなんでも手に入れられるようにしてやることだ。

　子どもを自然のままに育てよ、小さいころから知識や言葉のみであれこれ教えるな、という彼は、子どもが自ら苦労したり体験することなしにすいすいと「学ぶ」ことはかえって子どもをだめにすると教えています。そういえば、小説『徳川家康』（山岡荘八・第２巻）の中で

> 　人を育てるのに、いちばんむごい方法はの、早くから美食させ、女性を預けることとは思わぬかな。この二つをあずけて虎児じゃ、竜じゃと褒めちぎる…

という今川義元のセリフがありました。この２つの言葉は、現代日本の子育てにも通じるものがあり教訓的です。

「明けない夜はない」

　この表題の本（労働旬報社・絶版）を数十年前に読んで励まされました。作文教育の先駆者・村山俊太郎の妻であり、教師であった村山ひでの著作です。苦しいことがあると上の言葉をつぶやいて、自らを励ますことも何度かありました。「止まない雨もなく、明けない夜もない」は、苦しさを耐えていくための反面の楽天性も含まれている言葉でもあると思います。
　悪いこと、悪条件にクヨクヨせず、「時がくれば解決するさ」の、のん気さも大事だよと教えてくれているようです。

「みんなちがって、みんないい」

　近年、金子みすゞの詩が脚光を浴びるようになってきています。

> ### わたしと小鳥とすずと
>
> わたしが両手をひろげても、
> お空はちっともとべないが、
> とべる小鳥はわたしのように、
> 地面（じべた）をはやくは走れない。
>
> わたしがからだをゆすっても、
> きれいな音はでないけど、
> あの鳴るすずはわたしのように
> たくさんなうたは知らないよ。
>
> すずと、小鳥と、それからわたし、
> みんなちがって、みんないい。
>
> 　　　　金子みすゞ『わたしと小鳥とすずと』（JULA出版局）より

　他に「大漁」と題する詩の中でも、漁師たちがイワシの大漁に喜んでいる時、海の中ではイワシたちの弔いをやっていることだろうと思いやる彼

女の視点は、私たちがどのように子どもたちを見ていくのかに通じるやさしさのこめられた視点だと思います。
　弱者の側からのやさしい視点で見る彼女の人間性にはっとさせられるものが、これらの詩の中にあります。

「つまづいたっていいじゃないか　にんげんだもの」

　相田みつをの言葉と書は多くの人たちの心をとらえます。人の弱さをありのままに認め、それをまた自分への励ましにも変える相田みつをの言葉に、今流に言えば人びとは癒されます。
　また、人との出合いが人生を決定づけることもあるとした言葉も、「そうだなあ」という共感を呼び起こすものになっています。相田みつをの視点もまた、弱い者、動揺する者にとってやさしさのまなざしを持ったものです。
　「にんげんだもの」と慰める力は、「人間誰しも欠点はあるさ」としながらも、たえず前向きにもう一度 頭(こうべ)を上げていこうよという励ましも込められているのだと思います。
　「つまづきは人間が人間であることの哀しくも誇らしい証明なのだ」（キルケゴール）の言葉にも通じるものがあります。
　彼の書になるいくつもの言葉が著作集としても多く出され、彼の美術館を訪れる人が多いのも、現代人の悩みに答えてくれるものがあるからでしょう。

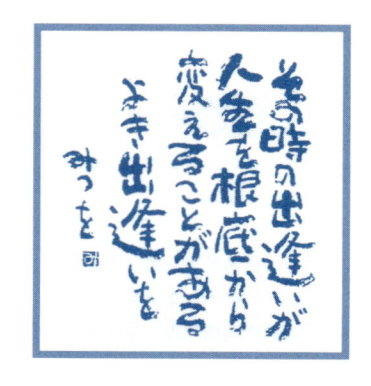

「子どもたちを、愛情と信頼によってそだてよう」

　ペスタロッチは、ルソーの影響を受けて孤児の教育に力を注いだ人で、「教育の父」と呼ばれています。私自身が小学校５年生の時、少年少女向けに書かれたペスタロッチの伝記を読んで、教師になろうと思ったきっかけをつくった人でもあります。その自伝の中でこう述べています。

> 子どもたちを、愛情と信頼によってそだてよう。
> これは私が確信をもっているもっとも大切な、
> そして効果のある教育の方法だ。

　当時のヨーロッパ各地の学校では、叱責と懲罰によって教師が子どもを教えていたことからすれば、珍しい考え方であり、彼の教育の方法でもありました。
　少年時代に読んだペスタロッチの伝記の中で、素足のまま原っぱで遊ぶ少年たちのために、危険なものを拾ってはポケットに入れるのを警察が不審者と思いとがめて、ポケットから出てきたものを見て感心する場面などが記憶に残っています。

「知ることは、感じることの半分も重要ではない」

　20世紀の良書ナンバーワンにも選ばれたという『沈黙の春』。この本の著者レイチェル・カーソンの『センス・オブ・ワンダー』（新潮社）に、次の一節があります。

> 　わたしは、子どもにとっても、どのようにして子どもを教育すべきか頭を悩ませている親にとっても、「知る」ことは「感じる」ことの半分も重要ではないと固く信じています。
>
> 　子どもたちが出合う事実のひとつひとつが、やがて知識や知恵を生みだす種子だとしたら、さまざまな情緒や感受性は、この種子をはぐくむ肥沃な土壌です。幼い子ども時代は、この土壌を耕す時です。
>
> 　美しいものを美しいと感じる感覚、新しいものや未知のものにふれたときの感激、思いやり、憐れみ、賛嘆や愛情などのさまざまなかたちの感情がひとたびよびさまされると、次はその対象となるものについてもっとよく知りたいと思うようになります。そのようにして見つけ出した知識はしっかりと身に付きます。
>
> 　消化する能力がまだそなわっていない子どもに、事実をうのみにさせるよりも、むしろ子どもが知りたがるような道を切りひらいてやることのほうがどんなにたいせつであるかわかりません。

　人は幼い頃に豊かな感性をこそ育てられなければならないと、この『センス・オブ・ワンダー』は教えています。

　わずか60ページの小編ながら、彼女の最後の著書として書き残された中身は大きく、濃いものがあります。彼女の名著『沈黙の春』と共に、教師必読の書としてすすめたいものです。

「一歩前へ出ればまた一歩だけ先が見える」

　岸清次(きしよしつぐ)という人はよく知られた人ではありませんが、東京の立川市にあって生涯ひとり平和活動家、慈善家として生きました。立川の町では一定以上年配の人なら知る人は多いでしょう。
　彼の言葉は、先の人たちのようにかっこよくはありませんが味があります。ある人が自分自身の将来に対する不安を語ったのに対して、

**　先のことなんて見通せなくたっていいじゃないの。人生、日のあたる道ばかりではない。視界の悪い道を行くのもまた、すてきだと思うね。一歩前へ出ればまた一歩だけ先が見える。そしたらまた一歩あるけばいい。**

と、アドバイスしたといいます。その人は
「何カ月もの変な気分がこれでいっぺんに吹き飛んでしまい、これからひと足、ひと足先へ進めると思う」
と述べていました。「暮れなずむ秋の、金色の夕日を背にして」岸清次が話したと、その時の情景も記しています。
　岸清次氏は

**　小さくとも灯をともそう。少しでも世の中を温かくするために！**

と、立川駅頭に毎年年末に街頭募金活動に立ち続けること30年も。そして、恵まれぬ人たちに、彼の善意は届けられたのでした。
　近年亡くなられましたが、『小さなロウソクの灯のように』(けやき出版・絶版)の著書があります。

「風が強ければ強いほど旗は美しくたなびく」

　辛淑玉(シンスゴ)さんが講演の中で述べた言葉でどこかからの引用かもしれませんが、

**　風が強ければ強いほど、旗は美しくたなびくと言うじゃないですか。**

と、彼女の口からとび出してくる機関銃のような語り口に、聞く人は痛快になり、力づけられる思いもしました。とにかく彼女の行動力と発言力は大したもので、機会があったら一度彼女の話を聞かれることをおすすめしたいほどです。
　私たちがこの教育困難時代に吹きつけてくる強い風に向かって、すっくと頭(こうべ)を上げて立ち向かっていく必要があるのだろうと思わされます。
　著書『辛淑玉のアングル』(草土文化)もおすすめです。

おわりに

学び続けること

　私は多くの先を歩いた人たちに励まされ、学びながら教師生活を続けることができました。「はじめに」の項でも書いた通り、小説からも、ルソーをはじめ思想家や教育者からも多くを学びました。

　とりわけ、安積得也(あづみ　とくや)さんからは、その詩のいくつかから、私の教師としての「座右の銘」ともいうべきものを学びました。

　先に紹介した「明日」と題する詩は、それこそ
　「はきだめ（ごみ捨て場）や泥の池という一見条件の悪い環境の中からも、美しい花が育つ」
とうたったものです。

　映画「男はつらいよ」シリーズの寅さんも、今や若い人たちには伝説の人になって、テレビの画面で時々しか観られません。その主題歌の一節に
　「どぶに落ちても根のある奴は　いつかは蓮(はちす)の花と咲く」
というものがありました。

　寅さんといえば、無学な寅さんが一念発起して夜間中学に通うという場面がありました。そのシーンには学ぶことの意味、学校とはどういうところかというメッセージが込められていたように思います。

　こうした娯楽作品と呼ばれる映画の中にも、私たちが参考にできる内容が含まれているのではないでしょうか。

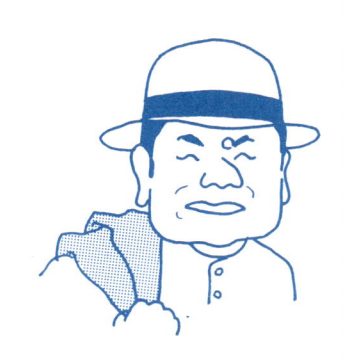

夜間中学の本当の学び

東京の夜間中学校（現7校）の展覧会を観た時、ある夜間中学生（といっても、もう人の子の親の年代）の詩が目をひきました。

　　　　　　　学校は楽しいねえ

　　　　　　　　　　　　　　　　　　　許　守連

えんぴつなんか　　　　　　　しょくどうへいってもねだんを
もったことなかったよ　　　　みてもわかるようになった

学校はたのしいねえ　　　　　えきでも
ゆめのようだ　　　　　　　　ひらかなでかいてあるから
　　　　　　　　　　　　　　ひとりで電車にのれるし
字を書くのがうれしい　　　　こどものところへも
きゅうしょくもおいしい　　　ひとりでいける
えでも　うたでも
さんすうでもたのしい　　　　それがうれしい
　　：　　　　　　　　　　　　：
中略　　　　　　　　　　　　後略
　　：
まえは、めがあいていても
みえないのと同じだったから――

　　　　　　　　　　　　　（夜間中学校の生徒さんの作品より）

　この詩の中に「学び」とは何か、「学校とはどういうところであらねばならないか」が滲み出ていると思いました。

> **だからこそ教師自身が学びの大切さを！**

まず教師自身の学びをこの本の中でも強調したつもりですが、若いみなさんにはぜひ、この学び続けるという姿勢を肝に銘じて、教師という仕事を続けていってほしいと思います。疲労感の大きい仕事ですが、教師の回復の特効薬は「学ぶこと」です。

多くの教師たち（新任の若い人もふくめ）が、心の病にかかって倒れるという事態が生じています。若い教師が自らの命を断つというとんでもないことも起きています。そうならない保障は「学ぶこと」と「よき友、よき先輩を持つこと」、この2つに尽きます。

> **教師を支える文化力を**

もう1つの教師を支える力は、文化力ともいうべき力です。幅広く学び、その学びを教育にとどめず、豊かな心を育て、教師自身の幅を広くしていく文化の力を蓄えることだと思います。

文学はじめいろいろな分野に親しみ、心のゆとりの幅を広げること。社会を見る目、日本と世界を見る目を広げて、その中に生きる日本の教師としての私たち自身の仕事を見つめ直すことではないでしょうか。

教育の仕事を進めていくうちに苦しいことに出合ったら、イラクの子どもたちや、貧困や児童労働で虐げられているアジア・アフリカの子どもたち、そのような中でもキラキラした瞳を輝かす子どもたちを思い浮かべましょう。そういう子どもたちの写真を教室や自分の部屋に掲げるのもいいことです。

「やる気」「根気」「のん気」は教師の3気

　これも、私が新任時代に先輩から教えてもらったアドバイスです。
　「教師の3気というのはね、やる気、根気、のん気の3つよ」
　この言葉をくれたＳ先生とは、40年たった今も毎年年賀状で交流を続けています。もうかなりの高齢になっておられると思いますが、あの頃の美しい凛とした顔立ちを思い浮かべることができます。
　とりわけ3つめの「のん気」──楽天性とでもいいますか、くよくよせず明るくというのは教師という仕事にとって大切なキャラクターです。子どもたちにも、落ち込んでいる子には「ドンマイ、ドンマイ」（Don't mind＝気にするな）と、明るく励ましてあげようではありませんか。

いつもニコニコ抱きしめてくれる教師

　こんな先生は子どもたちにとって、どんなにか心強い存在であることでしょう。
　「おや、どうしたの」「へえーそうなの」と頷いてくれる教師、何ごとにつけても「せんせい！」とよびたくなる教師です。

愛という字は何と書く

愛という字は、受けるという字のまん中に心という字が入っていて、ノ（の）がついています。ですから「受けとめて、心をこめてノ（の）をつけて」と読むんですよ。このノ（の）は、ニコニコ教師の「どうしたの」の「の」、「へえーそうなの」の「の」です。

愛

子どもとぐるになって生活を喜ぶ

成長を喜びあうとは

　先にあげた池田小菊さんの文章「ぐるになって生活を喜びあう、その中にだけ教育があります」で特に、「そこにだけ教育があります」をしっかり受けとめたいものです。
　たとえば1年生が、5月頃に自分たちでタネをまいたアサガオの芽が出て、「先生、芽が出たよ！」と職員室に報告しにきたとします。
　「あら、そう！よかったわね」という対応と、「えーっ、本当！どれどれ」と、仕事の手を休めてその子についてアサガオの鉢のもとに行く教師。
　あなたはどちらの教師として対応できるでしょうか。仕事を途中にして席を立つのはなかなか大変な事ですが…。
　「だって、いちいちそんな対応できない」「多忙だし…」と、おっしゃるかもしれませんね。
　最初の子には席を立つ対応をして
　「○○ちゃんの芽が一番だったね、すごいね！」
と教室で他の子どもたちに語りかけ、「○○ちゃんみたいに次つぎと職員室に来ちゃうと、他の先生方のお仕事のジャマにもなるから、この次に芽が出た人は先生が教室に入ってきた時、"芽が出たよ！"って知らせてね」と、言っておくのはどうでしょう。

| 子どもたちと共に成長して |

先のS先生のように、自らもチャレンジの課題を課して、子どもたちと一緒にお互いの成長を喜びあい、たたえあう、そんな関係を築いていきたいものです。
　私も6年生の教え子に教えられたことがあります。
東京に珍しく雪が降った日のことです。子どもたちと私は一緒に雪合戦をして遊びました。6年生のYさんは次の日の作文で

ああいう時こそ、日頃あまり話もできないBくんやCさんと雪あそびをするべきではなかったでしょうか。それが教師というものではないでしょうか。

と書いてくれました。まさに「負うた子に教えられ」の思いをしました。
　数年後、子どもたちの施設職員となっていたYさんと再会して、「さすが…！」と再び教えられたものでした。

| 子どもたちから学ぶ |

Kさんの作文から教えてもらったように、教師自身が子どもたちから学ぶ——これはこの本の心得の項にも書いた通りですね。
　子どもたちは、私たち大人が見えなくなった目を開かせてくれるすばらしい目を持っているのです。

**さあ、失敗を
おそれずに！**

　「学級崩壊」と呼ばれるイヤな言葉があります。それほどに子どもたちの現実も、またそれをとりまく親たち、教育界はじめ現代日本の社会全体が、揺らいでいるような不安があります。

　その中で毎日子どもたちの発達にかかわり、多くの場合それに責任を持つ教師という仕事は、非常に難しさを増していると言えます。教師のひと言は子どもを「地獄」にさえ落としかねない一方、教師の愛情ある働きかけで「地獄」からすくい出される子どもがいることもたしかです。

　きびしさの例をあげれば、私の38年の教師生活の中からだけでも、きりがないほどです。病気と事故で亡くなった3人の教え子のことも忘れる事ができない悲しい出来事でした。

　しかし「奥田先生にあこがれて教師になった」と聞くと嬉しくなります。「私が教師になってはじめて子どもたちにしたことは、先生が私たちに読みきかせてくださった本を買い求めて、私の子どもたちに読んであげたことです」と手紙にあって、嬉しくなったこともあります。

　いつも明るく爽やかな姿で子どもたちと、すばらしい教師という仕事に誇りをもって困難を切り開いていってほしいと、心からお願いしたいと思います。

この本へのお問い合わせは下記へ
（悩み事相談もお引き受けします）

〒193-0844　東京都八王子市高尾町1989-1
奥田靖二
Tel＆Fax　0424-61-3905

資料　日本の民間教育研究団体

連絡先

新しい絵の会　TEL0463-82-5215　http://www2u.biglobe.ne.jp/~atarasii/index.htm
美術教育を進める会　http://home.att.ne.jp/theta/susumerukai/
音楽教育の会　TEL048-942-8936　http://homepage2.nifty.com/ONKYOUNOKAI/
科学教育研究協議会　TEL03-5292-0481　http://homepage3.nifty.com/kakyoukyou/
家庭科教育研究者連盟　TEL03-5837-8303　http://homepage2.nifty.com/kateika/
学力の基礎をきたえどの子も伸ばす研究会　TEL06-6704-7180
　http://www2.odn.ne.jp/~hag64950/
学校体育研究同志会　TEL03-3361-0260　http://www.taiikudoushikai.com/
教育科学研究会　TEL03-3235-0622　http://homepage3.nifty.com/kyoukaken/
漢字指導法研究会　TEL042-708-4535
　http://members-ftp.jcom.home.ne.jp/kotoba/kokuziken-index.html
子どもの遊びと手の労働研究会　TEL03-3420-6851　http://terouken.jp/
子どもの人権自由と民主主義を守る全国協議会　TEL049-286-7984
児童言語研究会　TEL04-7139-5580
人間の歴史の授業を創る会　TEL03-3263-3469
数学教育協議会　TEL03-3397-6688　http://www004.upp.so-net.ne.jp/ozawami/
数学教育実践研究会　TEL042-384-1438
全国障害者問題研究会　TEL03-5285-2601　http://www.nginet.or.jp/
全国生活指導研究協議会　http://members.jcom.home.ne.jp/zenseiken/
全国養護教諭サークル協議会　TEL03-3308-6018
日本演劇教育連盟　TEL03-3983-6780　http://www4.ocn.ne.jp/~enkyoren/
日本作文の会　TEL03-3812-1493　http://homepage3.nifty.com/nissaku/
日本生活教育連盟　TEL03-5477-9868　http://nisseiren.jp/index.html
日本文学教育連盟　http://members.jcom.home.ne.jp/bunkyoren/
日本文学協会国語教育部会　TEL03-3941-2740
歴史教育者協議会　TEL03-3947-5701　http://www.jca.apc.org/rekkyo/
民族舞踊教育研究会　TEL042-745-2945
表現よみ総合法教育研究会　http://hyoukyouken.gooside.com/

各々の連絡先のお問い合わせは
日本民間教育研究団体連絡会（民教連）TEL03-3947-5126　へ

他にもいくつもの研究会があります。「民教連」で夏の研究会紹介一覧をもらったり、先輩に聞いたりしてください。

編著者紹介

おくだやすじ
奥田靖二

元東京都八王子市立寺田小学校教諭
子どもの文化研究所所員　新しい絵の会会員

著書

『遊び・ゲーム　ワンダーランド』『みんなで遊ぼう12カ月　全校・学年集会ランド』
『小学校１年生　学習と生活の基礎・基本』『学級担任のための遊びの便利帳』
『教室でできるクイックコミュニケーション手品』（以上　いかだ社）
『学校イベント遊び・ゲーム集』全３巻（教育画劇）ほか

イラスト●桜木恵美／藤田章子／上田泰子

デザイン●渡辺美知子デザイン室＋リトルこうちゃん

新任教師
ファーストブック

2006年3月30日第1刷発行

編著者●奥田靖二©
発行人●新沼光太郎
発行所●株式会社いかだ社
〒102-0072 東京都千代田区飯田橋2-4-10加島ビル
Tel.03-3234-5365　Fax.03-3234-5308
振替・00130-2-572993

印刷・製本　株式会社ミツワ

乱丁・落丁の場合はお取り換えいたします。
ISBN4-87051-187-8

いかだ社の本

学級担任の強〜い味方！
大好評の「クイック」シリーズ

教室でできるクイックコミュニケーション手品
学級開き、給食の後等、子どもと心を通わす場面に合わせたマジック集！
奥田靖二編著　定価（本体1300円+税）

5分の準備でクイック算数遊び＆パズル
数や図形のふしぎ、計算の楽しさを味わえる遊びで算数が大好きになる！
岩村繁夫・篠田幹男編著　定価（本体1300円+税）

準備いらずのクイックことば遊び
遊んでおぼえることばと漢字の本。穴うめゲーム、漢字しりとりなど満載！
山口理編著　定価（本体1300円+税）

教室でできるクイック科学遊び
簡単な準備で始められる、「ふしぎ」がいっぱいの集団ゲーム集です。
江川多喜雄編著　定価（本体1300円+税）

教室でできるクイック5分間工作
短時間でできて授業にも役立つおもちゃ多数。効果的な教師の声かけ例も紹介。
木村研編著　定価（本体1300円+税）

すぐできる！クイック壁面工作アイデアBOOK
身近な材料でサッとできる可愛い壁面飾りのパーツ集が新登場！
後藤阿澄著　定価（本体1350円+税）

すぐできる！クイック体育遊び＆体ほぐし
体ほぐしの運動をはじめ、短時間の準備でOK。授業にすぐ役立ちます！
黒井信隆編著　定価（本体1300円+税）

学級担任のための遊びの便利帳
授業や土曜学校など、遊びが効果を発揮する10の場面別に構成しました。
奥田靖二編著　定価（本体1300円+税）

準備いらずのクイック教室遊び
教師の声かけだけですぐに始められる遊びベスト44。ベストセラー！
木村研編著　定価（本体1300円+税）

準備いらずのクイック外遊び
校庭・遠足・校外学習など、出かけた先での空き時間にサッと楽しめます。
木村研編著　定価（本体1300円+税）